José de Espronceda

Ni el tío ni el sobrino

Barcelona **2024**
Linkgua-ediciones.com

Créditos

Título original: Ni el tío ni el sobrino.

© 2024, Red ediciones S.L.

e-mail: info@linkgua.com

Diseño de cubierta: Michel Mallard.

ISBN tapa dura: 978-84-9953-645-3.
ISBN rústica: 978-84-9816-262-2.
ISBN ebook: 978-84-9897-852-0

Sumario

Brevísima presentación

La vida

José de Espronceda (Almendralejo, Badajoz, 1808-Madrid, 1842). España. Hijo de militar, estudió en el colegio San Mateo de Madrid. Muy joven fundó la sociedad secreta Los numantinos, y por ello fue recluido en el convento de San Francisco de Guadalajara. En 1826 huyó a Lisboa y allí se enamoró de Teresa Mancha, hija de un liberal, a la que siguió a Londres y luego raptó en París, poco después de que ella se casase con un comerciante español. Intervino en la revolución francesa de 1830 y en la expedición fracasada de Joaquín de Pablo contra el régimen absolutista de Fernando VII. De regreso a España (1832) fundó el periódico El Siglo y fue diputado republicano. Durante su destierro conoció a los autores románticos ingleses, franceses y alemanes, en quienes encontró un estilo más cercano a sus ideas.

Personajes

Doña Paca
Luisa
Don Martín
Don Carlos
Don Juan
Eugenio
Ambrosio

Acto I

Escena I
Don Martín, Ambrosio

Don Martín	Conque di, ¿has visto a esas damas?
Ambrosio	Sí, señor, y me dijeron que los zapatos estaban que ni pintados.
Don Martín	Entiendo. ¿Y dijeron algo más?
Ambrosio	Que el color de los pañuelos merinos y los brillantes del consabido aderezo mostraban tener buen gusto, y que es usted en extremo generoso, y sobre todo galán y buen caballero.
Don Martín	Todo es gastos y más gastos.
Ambrosio	Dijeron también...
Don Martín	Dijeron. ¿Qué han de decir que no sea todo lo que me merezco?
Ambrosio	Se entiende.
Don Martín	Pues ahí es nada

los infinitos obsequios
que a cada instante les hago,
y sin costarles dinero
tener en mi misma casa
habitación, gasto hecho,
criado, mesa, regalos,
lacayo, coche y cochero...
Bien es verdad que Luisita
es un dije y un modelo
de honestidad y de gracias,
y su madre... es un portento
la educación que le ha dado.
Yo cada vez que la veo
siento un placer, una cosa
tan agradable, un contento,
que, aunque a la verdad, no estoy
para tirar el dinero,
lo estoy con menos trabajo
cuando por ella lo empleo.

Ambrosio   Todo Madrid está absorto
con usted; en los paseos,
en las tertulias, en todas
partes usted es el cuento
del día; unos alaban
el maravilloso ingenio
de usted, su gala, su porte,
su gracia y gallardo gesto;
todos haciéndose lenguas
en alabanza del genio
y cualidades de usted
y de su futura.

Don Martín   En eso

10

hay antes mucho que hablar.
Pienso quedar aún soltero
por algún tiempo, y aunque
es verdad que le merezco
a Luisa mucho cariño,
y ella a mí no poco menos,
y aunque por su padre deba,
en lo que alcancen mis medios,
proteger a esa familia,
antes de casarme quiero...

Ambrosio   Quiere usted, pues, divertirse;
hace usted bien, eso es cierto;
un joven debe gozar
del mundo y sus pasatiempos.

Don Martín   Sí, pero yo ya he pasado
bien alegres los primeros
años de la mocedad.

Ambrosio   ¿Pues se tiene usted por viejo?

Don Martín   Yo, viejo, no; pero estoy
en la edad...

Ambrosio   De más esfuerzo,
con la robustez precisa
para hacer un casamiento
y tener nueve o diez hijos
que den otros tantos nietos;
sí, es forzoso a cierta edad
tomar estado.

Don Martín   En efecto;

11

	y en la edad de la razón,
	que es en la que yo me encuentro...
	puede que me case.

Ambrosio   Puede,
                  y hará usted bien; un sujeto
                  como usted debe casarse.

Don Martín   ¿Por qué?

Ambrosio   Porque... su talento
                  de usted lo decide así,
                  y basta, aunque sea a despecho
                  de las que en el Prado tienen
                  fijo en usté el pensamiento.

Don Martín   Eres picaruelo, Ambrosio.

Ambrosio   Qué quiere usted, si lo veo;
                  pero aquí viene.

(Mirando la puerta de la izquierda.)

Don Martín   ¿Quién viene?
                  ¿Principian ya a venir necios?

Ambrosio   Es la señora mi ama,
                  madre del precioso objeto
                  que usted protege y obsequia.

Don Martín   Pues vete, y para el correo
                  pon en limpio aquella copia.

Ambrosio   Está bien; voy al momento.

12

| Don Martín | Allá iré luego después. |

(Vase Ambrosio.)

Escena II
Doña Paca, Don Martín

| Doña Paca | ¡Don Martín! |

| Don Martín | ¡Oh!, tanto bueno
por acá y tan de mañana. |

| Doña Paca | Es la una. |

| Don Martín | Y bien, ¿qué es eso? |

| Doña Paca | Como estuvo usted anoche
de bailes y de conciertos,
no es extraño le parezca
temprano: doy por supuesto
que usted allí, como siempre,
se luciría. |

| Don Martín | Me siento
un poco aún de esta pierna
y tengo la sangre hirviendo. |

| Doña Paca | Eso es salud; no es extraño
siendo joven y soltero. |

| Don Martín | Sí, señora, ése es el mal
que únicamente padezco:
como tengo este carácter, |

por cualquier cosa me quemo.

Doña Paca
Mas con todo, usted anoche
bailó.

Don Martín
No hay duda, yo tengo
que bailar aunque no quiera;
ni descansar un momento
me dejaron las señoras.

Doña Paca
Y usted que nunca está quieto...

Don Martín
Yo he sido siempre una pólvora;
cuando chico era travieso
como un diablillo.

Doña Paca
¡Jesús!
Me gusta tanto ese genio,
siempre vivo y decidor,
y tan galán y discreto;
pero hablando de otra cosa,
diga usted, en el concierto,
¿qué conocidas había?
Apostaré que aquel viejo
de don Judas no faltó
con su niña, el esqueleto
que se muere por bailar.
¡Qué costumbres! Cuando veo
mujeres tal como esa.
¡Jesús!, toda me estremezco:
allí todas escotadas,
cada cual con su cortejo,
olvidando los quehaceres;
de ustedes los hombres... bueno

que se diviertan ustedes.
Yo, jamás, ¡qué, ni por pienso!
cuando yo era joven nunca
andaba en bailes, y eso
que todas hemos tenido
también nuestros ojos negros.
Mi señora madre en casa
como si fuera un convento
nos tenía retiradas
de tertulias y paseos.

Don Martín   Ya se conoce en Luisita
que es usted un fiel modelo
de su madre: sí, ¡qué poco
pierde ella en bailes el tiempo!

Doña Paca   Luisita, no, señor, nunca;
en casa y siempre cosiendo,
o entregada a la lectura
de libros santos.

Don Martín   Yo puedo
por cierto ser buen testigo.

Doña Paca   ¡Ay, Dios! Si pudiera vernos
el que mataron en Indias,
mi difunto.

Don Martín   Estoy muy cierto
que acabarán las desgracias
que atrajo a usted su mal genio,
porque don Juan, aunque era
un calaverón deshecho
y algo original, tenía

buen corazón; en el juego,
en las jaranas y danzas,
peloteras y cortejos
que yo armaba entonces, éramos
dos camaradas eternos,
y quería echarla de mozo:
¿creerá usted que en tanto tiempo
nunca supe era casado,
y siempre guardó silencio
acerca de esas frioleras
de que usted me ha hablado luego?

Doña Paca (Afligida.)   Basta, basta, don Martín.
¡Pobrecito! Harto me acuerdo.

Don Martín   No llore usted.

Doña Paca   ¡Pobrecito!
Conmigo no fue muy bueno,
bien lo sabe Dios, y cuanto
padecí con él, bien puedo
asegurárselo a usted,
muy perdonado le tengo,
así le perdone Dios
y allá le tenga en el cielo.
El se separó de mí
sin motivo para ello
ninguno, muy al contrario,
que estaba yo siempre viendo
cómo agradarle: ¡Jesús!,
mis obras, mis pensamientos,
todo era suyo en mi casa,
todo era para Renzuelo.
Se fue de ella sin decir

oste ni moste: primero
se contentó con mudarse,
después puso agua por medio,
y embarcándose allá en Cádiz
se me largó para México,
dejándome sola aquí
con una niña de pechos,
mi pobre Luisa, las dos
sin auxilio ni consuelo,
y al fin supe su tragedia
para aumentar mi tormento:
¡pobrecito!, ¡a pesar mío
yo le amaba, ya está muerto!

Don Martín
¿Y qué ha de hacerse, señora,
si se murió?, ¿qué remedio?,
cuanto más...

Doña Paca
                    Sí, don Martín,
demasiado lo agradezco,
Usted, usted, caro amigo,
es nuestro solo consuelo.

Don Martín
(Con vanidad.)
Yo, señora, bien querría...
hasta ahora si algo he hecho...

Doña Paca
Demasiado, don Martín:
yo y Luisita no sabemos
cómo pagárselo a usted.
Solo el cariño más tierno
por parte de ella, y por mí
un puro agradecimiento
y una sincera amistad...

Don Martín	Señora, estoy satisfecho con eso solo; yo he sido toda mi vida lo mismo, muy amigo de hacer bien:
(Con vanidad.)	yo soy así, buen sujeto.
Doña Paca	Excelente; ¿y usted cree que se me olvidan tan presto las generosas ofertas...?
Don Martín	(¡Si habré ofrecido dinero!)
Doña Paca	¡Qué placer cuando yo vea sus hijos de usté y mis nietos un retrato de mi padre y la esperanza del reino!
Don Martín	¿Y por dónde saca usted...?
Doña Paca	¡Qué monos serán! Iremos con ellos siempre a la iglesia tan limpitos, ¡qué talento tendrán! y luego que usted...
Don Martín	¡Pero usted ha perdido el seso! ¿A qué viene esa retahíla?
Doña Paca	Perdone usted; ¡ay!, es cierto, no me acordaba, no soy digna de tan halagüeño porvenir, yo estaba loca. ¡Pensarme que un caballero el más rico de Castilla contraería casamiento

18

con una niña que solo
tiene por amparo el cielo!
Perdone usted, don Martín;
no supe lo que me hecho:
ipobre niña!, morirá
cuando sepa lo funesto
que es su amor, y le ama a usted
con un cariño tan tierno,
iay, hija de mis entrañas!

Don Martín
(Con vanidad.)   Harto lo conozco; pero...

Doña Paca   Sí, icomo tiene usted otras!

Don Martín   Eso no hay duda, por cientos
las tengo yo; pero, amiga,
hablando en plata, confieso
que Luisa me gusta más
que todas ellas.

Doña Paca   Lo creo.
Bien se conoce, y la quiere
usted matar a desprecios;
ipobre niña!, cuando quede
sin madre, en algún convento
la recogerán: iDios mío!
iEn este mundo perverso
solita y con pocos años!

Don Martín
(Con enfado.)   Eso no, porque primero
era menester que yo
me volviera loco o necio

o me muriera.

Doña Paca

¡Infeliz!
De puerta en puerta pidiendo
tendrá que andar, o ponerse
a servir si yo me muero.
¡Quién creyera que la hija
de don Juan de Dios Renzuelo,
coronel de infantería...!

Don Martín

Pero, ¿y por qué ha de ser eso?
¿Delira usted?

Doña Paca

¿Qué ha de ser,
si usted nos deja en perpetuo
abandono? ¿Usted, que era
nuestra esperanza?

Don Martín

No dejo
tal; al contrario... yo solo...

Doña Paca

Quiso usted ver si era cierto
su amor; ¡ay, Dios!, esas bromas
no las use usted: es muy serio
el asunto para usarlas:
¡ay!, yo no sé lo que tengo
conozco que ha sido burla
y, ¡ay, Jesús!, apenas puedo
hablar... me caigo... me ha dado
una congoja y me siento
tan...

(Se deja caer sobre una silla que arrima Don Martín.)

20

Don Martín	Siéntese usted; ¡por vida!
	Pues bonita la hemos hecho.
	¡Voto va chápiro verde!
	ya se desmayó en efecto.
	¡Qué siempre por mí han de hallarse
	las mujeres en aprietos!

Escena III

Don Martín, Doña Paca, Eugenio

| Eugenio | (Entra cantando.) |
| | ¡Tran larán! |

| Don Martín | ¿Es este achaque de cantos, |
| | bárbaro? |

Eugenio	Vengo... pensaba...
(Tropieza	
contra una silla.)	como vengo de la calle...

| Don Martín | Mucho me gusta tu entrada. |

Eugenio	Yo... bien quisiera... mi voz...
(Se le cae	
el sombrero.)	tiene usted razón, es mala.

| Don Martín | ¿Y aquí qué tiene que ver |
| | si cantas bien o si ladras? |

Eugenio	
(Más aturdido.)	Es porque al tiempo de entrar
	no vi la silla que estaba
	aquí.

Don Martín	¿Di, topo, no ves que hay una enferma en casa?
Eugenio	Un médico... yo no sé... ¿Lo busco?
Don Martín	Sí no hace falta: tú siempre estás aturdido.
Eugenio	Lo decía...
Don Martín	Anda, trae agua:

(Eugenio hace mil movimientos por todos lados para buscarla.)

	¿Vas a la cocina? Bárbaro, ¿No tienes ahí esa jarra?
Eugenio	Creí...
Don Martín	Tú siempre crees mal. ¿Y adónde querrás echarla? ¿No ves que está el vaso aquí?
Eugenio	No lo había visto, pensaba...

(Se acerca a Doña Paca y grita.)

	Y es doña Paca, no hay duda, y se muere... ¿Y la muchacha? Tocaré la campanilla... Llamaré al cura.
Don Martín	¿Te callas?

No te eches encima de ella;
¿no ves que vas a pisarla?
¡Doña Paca, oiga usted!
(Ya vuelve en sí; es una santa:
¡pobre mujer!)

Eugenio
(Hablando
consigo mismo.)   ¿Llamaré?...
No, que traigo un poco de agua
de olor en este bolsillo.

(Se registra los pantalones y el frac, y hace conforme a lo que va diciendo.)

En el otro... en la casaca...
pues ya no sé dónde está.
Allí en el sombrero... nada.

Don Martín
(A Doña Paca.)   Animo, vamos.

Doña Paca
(Volviendo en sí.)   ¡Qué pena!

Eugenio (Buscando.)   ¿Pues no digo?, en esta casa
todo se pierde.

Don Martín
(A Eugenio.)   ¿Qué buscas?

Eugenio   Yo por si era necesaria
alguna cosa...

Doña Paca   ¡Ay, Señor!

23

Yo me retiro, estoy mala.
¡Cómo ha de ser! La diré
que se acabó su esperanza,
que ha amado siempre a un ingrato,
que usted hace su desgracia,
que es usted un tigre.

Don Martín   No es culpa
mía; si Luisa me ama,
yo la quiero más que a todas,
y dejo por ella a cuantas
quisieran también...

Doña Paca   Usted
tiene un no sé qué, una gracia,
que todo se le perdona.

Eugenio   (Aún no sé de lo que hablan,
y estoy por decir que ellos
tampoco entienden palabra.)

Doña Paca   ¡Luisita va a llorar tanto!

Eugenio   (¡Hola!, de Luisa se trata;
y está bueno, la señora
ni me mira, ni me habla,
ni hace más caso de mí
que si yo fuera una estatua.)

Don Martín   Usted la consolará;
puede usted darla esperanzas.

Doña Paca   ¿Y qué he de decirla ya?
¡Jesús, me siento tan mala!

Don Martín	Acuéstese usted y tome un caldito.
Doña Paca	Muchas gracias.
Eugenio	Si acaso mi compañía...
Don Martín	Yo la acompañaré, y basta: ¿me da usted el brazo?

Doña Paca   Eugenito,
(Eugenio, al oír que Doña Paca: le llama, se echa encima antes
de saber para qué.)   adiós.

Eugenio	Perdóneme usted, estaba... distraído: ¿qué sucede?
Doña Paca	Saludarle a usted.
Eugenio	Pensaba...
Doña Paca	Es usted tan servicial...
Don Martín	Sí, mi sobrino es alhaja.

(Vase con Doña Paca.)

Escena IV

Eugenio	Voto va birli y birloque, ¡No se va a armar mala danza! Mi tío la quiere, ¿y qué haré? Lo que es Luísita a quien ama

es a mí... yo, la verdad,
me lo dijo la criada.
Si yo tuviera talento
para inventar una traza...

(Hace como que piensa.)

¿Qué? En la vida... Si Ambrosio
con su ingenio no me saca
de apuros... (Llamando.) ¡Ambrosio, Ambrosio!
¡No vendrá en una semana!

Escena V
Eugenio, Ambrosio

Ambrosio   ¿Qué quiere usted, señorito?

Eugenio   Yo te diré... aquí... en la casa...
                  ¡Caramba!, se me olvidó:
                  yo soy así, de palabra
                  en palabra se me va
                  todo lo que... yo pensaba
                  en una cosa... que es...
                  es... es una cosa... que... vaya
                  ¿Lo sabes tú?

Ambrosio   Yo qué sé.

Eugenio   Aunque piense hasta mañana
                  no me acordaré: yo soy
                  tan distraído...

Ambrosio   Es desgracia;
                  mas ya atino lo que es.

26

¿Es cosa de amores?

Eugenio   Vaya,
dilo.

Ambrosio   Usted está enamorado,
es de doña Luisa la causa
de esa locura.

Eugenio   Acertaste;
y luego el viejo se casa.

Ambrosio   Pues, y usted está que trina.

Eugenio   ¿Y cómo he de estar? ¡Caramba!
Que si me enfado... porque
me ven que soy una malva,
pero no hace cuatro meses
que llevé dos cuchilladas:
te acuerdas... aquel cadete
que va con la gaditana...

Ambrosio   Sí, aquella que usted pisó
al tiempo de saludarla,
que por poco no la deja
sin pies y desnarigada
con el ala del sombrero.

Eugenio   Yo estaba puesto de espaldas
y me volví...

Ambrosio   Pues volvamos
al negocio que se trata:
usted está fastidiado

de ver que el viejo se casa,
y quisiera usted hallar
alguna manera honrada
de deshacer esa boda.
¿No es así?

Eugenio   Cabal; pues anda.

Ambrosio   Vaya usted viendo si acierto:
usted quisiera una trama,
y apuesto desearía
que yo mismo lo enredara.

Eugenio   Vales mucho: ¡qué talento!
Eso pido, y santas pascuas.

Ambrosio   Pues no me ocurre ninguna.

Eugenio   Pues no sirves para nada;
eres un zote. ¡Canario!
Cuando pensé que inventaras...

Ambrosio   Invéntela usted.

Eugenio   Yo no.

Ambrosio   No sirve usted para nada.

Eugenio   Es que yo...

Ambrosio   Es que yo también.
(Fuera echar tierra a mi causa;
¿y qué dijeras de mí,
reverenda Doña Paca?)

Eugenio	Pero, hombre, tú bien podrías... ¡Si yo tuviera tu labia!
Ambrosio	¿Ha ganado usted en el juego, o se quedó usted sin blanca?
Eugenio	¡Qué! Si el dinero que al tío le he sacado esta mañana lo jugué todo a la dobla y he ganado.
Ambrosio	Pues me agrada, y yo no tengo más parte que es en embrollos y trampas.
Eugenio	Yo no digo... bueno... toma...

(Saca dinero y se lo entrega a Ambrosio.)

sí me enredas una traza.

Ambrosio	Sí, señor (ya aquí pesqué, y aún tengo puesta otra caña.). Pues, señor...
Don Martín (Desde afuera.)	¡Ambrosio, Ambrosio!
Eugenio (Va a salir muy atolondradamente.)	Ya voy; el viejo me llama.
Ambrosio	No es a usted, que es solo a mí.

Eugenio	¿Y quién quieres tú que vaya?
Ambrosio	¿Pero usted se llama Ambrosio?
Eugenio	No...
Ambrosio	Pues entonces...
Eugenio	Pensaba...
Ambrosio	Don Carlos y el viejo vienen.

Escena VI
Eugenio, Ambrosio, Don Carlos y Don Martín

Ambrosio	Ya iba a ver si usted...
Don Martín	Pues anda abajo a tener cuidado, no sea que como está mala doña Paquita se ofrezca algo que hacer.
Ambrosio	Voy sin falta

(Vanse.)

Escena VII
Eugenio, Don Carlos, Don Martín

Don Carlos	Adiós, señor don Eugenio: ¿Córno va?

(Le alarga la mano a Eugenio, que se retira hacia atrás, deja caer una mesa, cae y quiebra un recado de china.)

Eugenio   Bueno. ¡Caramba!
                        Ya perdí el tino, caí.

Don Martín   Maldito de Dios, levanta:
                        ¡Ojalá te hubieras muerto,
                        que has de destrozar la casa!

Eugenio   Si yo... (Levantándose.)

Don Martín   Si tú, si el demonio.

Don Carlos   Sosiéguese usted. ¿Qué gana
                        con enfadarse? Lo malo
                        es el recado de tazas,
                        que ya valdrá alguna cosa.

Don Martín   Cuesta un ojo de la cara,
                        y no estoy para hacer gastos
                        a cada instante. ¿Se gana
                        así el dinero, mostrenco
                        botarate, majagranzas
                        atolondrado, no ves?

Eugenio   Si estaba detrás...

Don Martín   Estaba...
                        en los infiernos había
                        de estar penando tu alma;
                        un recado de café,
                        el mejor que había en España.

Eugenio	Si no lo vi, si yo iba a saludar, si pensaba...
Don Martín	Si tú siempre estás pensando allá en las mil musarañas.
Don Carlos	Déjele usted: ¿a qué viene enfadarse?, ¿qué ganaran si no se rompiese el barro las gentes que lo trabajan?
Don Martín	Buen consuelo me da usted.
Eugenio	Yo... no... más...
Don Martín	Si no te callas te he de romper la cabeza.
Eugenio	Es que yo...
Don Martín	Vamos, pues, habla.
Eugenio	Yo... no sé... ¿qué he de decir?
Don Carlos	Y cómo, ¿cuánto costaba esa china?
Don Martín	¡Qué pregunta! Costaba lo que costaba, y estoy yo para decirlo.
Don Carlos	Ha comprado mi madrastra hace días...

Don Martín
(Con enfado.)   Está bien.

Don Carlos   Usted, amigo, se enfada
                    por la más mínima cosa.

Don Martín   Pues no, que tendremos calma:
                    ¿soy yo de piedra para estar
                    siempre aguanta que te aguanta
                    cuanto quiera hacer el niño?
                    Gaznápiro, siempre en jauja
                    aturdido, atolondrado,
                    sin saber lo que le pasa.
                    Siempre rompiendo los trastos,
                    todo lo atropella y mancha;
                    por cualquier cosa se asusta;
                    si le miran, si le hablan
                    no sabe que responder.
                    Con esas manos de lana
                    todo se le cae: no hay día
                    que no haga una nueva gracia;
                    siempre tropieza con todo:
                    sin ir más lejos, en casa
                    ayer de doña Clarita
                    se sentó en una guitarra,
                    se levantó sin concierto,
                    medio rompió una ventana,
                    echó al suelo cuatro sillas,
                    todos riendo en su cara;
                    y no eres ya ningún niño,
                    zamacuco, con más barbas
                    que un capuchino y más tonto
                    que pichote.

33

Don Carlos	Repasata de marca mayor es ésta. Eugenito.
Eugenio	Toma, cansa tanto sermón; pues iremos siempre mirando a las pajas: pues tengo yo pocas cosas sobre mí: pues ahí es nada: yo no debo...
Don Martín	¿Qué no debes?
Eugenio	Yo no digo...
Don Martín	Vaya, habla...
Eugenio	Como yo... como... porque... y ya no tengo más gana...
Don Carlos	Hable usted, si es que usted puede.
Don Martín	No se te entiende palabra; eres un ganso.
Eugenio	Yo sí; eso es por la muchacha.
Don Martín	¿Qué muchacha?
Eugenio	¿Qué? Por ella.
Don Martín	¡Qué ella ni qué morondanga!

Don Carlos	(Apuesto a que es por la Luisa; aquí va a armarse otra danza.)
Eugenio	Pues por ella.
Don Martín	Calla, necio. Si te atreves a mirarla...
Eugenio	Si no es eso.
Don Martín	¿Pues qué es?
Eugenio	¡Toma! Que todos se casan.
Don Carlos	Quiere decir que ya sabe la boda de usted.
Don Martín	(Ya escampa.) ¿Y qué dicen de mi boda?
Don Carlos	Profetizan...
Don Martín	Vamos... vaya.
Don Carlos	Que se verá usted cordero antes que llegue la Pascua transformado por la bruja de la vieja y la muchacha, que también pondrá sus medios.
Don Martín (Al decir esto toca con la mano a Eugenio.)	Eso es mentira, y no basta mi paciencia para oír

	semejantes patochadas
Eugenio	Yo sin culpa; ¿a mí por qué?
	Usted perdone; ¡pues vaya!
Don Martín	Yo no me acuerdo de ti.
Don Carlos	Vamos, paz, no haya otra danza.
Don Martín	Es envidia, es porque ven
	que la prefiero y me ama.
	Les he de dar en los ojos:
	mañana mismo, mañana
	me he de casar.
Don Carlos	Yo convengo;
	pero tenga usted cachaza
	si es que quiere usted saber...
Don Martín	Yo no quiero saber nada.
Don Carlos	No me pise usted, Eugenio.
Eugenio	Si yo no... voy a otra sala.
(A Don Carlos.)	Perdone usted, mil perdones
	le pido a usted; él se enfada
	y yo no tengo... ¿a mí qué?..
(Vanse.)	
Don Martín	Pues no me venga con chanzas
	ni con burletas, que haré
	ver que yo no aguanto ancas;
	ya me conocen, ya saben

que si empiezo tengo el alma
muy bien puesta... yo soy tardo,
pero si armo una pelaza...

Don Carlos

Habrá una marimorena
más linda que unas mialmas
mas no sea usted temerario
ni haga usted una asonada;
yo cuento lo que me dicen.

Don Martín

Le dicen a usted una sarta
de picardías y embustes.

Don Carlos

Es un horror; pero vaya,
hablando claro, ¿usted tiene
un documento, una carta
siquiera, que pruebe o diga
quiénes son esas dos damas,
una cosa que convenza
cómo o cuándo doña Paca
caso con don Juan Renzuelo?
¿Sabe usted cuál es la causa
que redujo a esas señoras
de la opulencia a la nada?
¿Por qué nadie las conoce?
¿Por qué con nadie se tratan?
¿Y usted con qué relaciones
se introdujo en esa casa?

(Con intención.)

Se dice que fue...

Don Martín

                    Don Carlos,
tiene usted por lengua un hacha;
yo visité a esa familia
con intenciones muy sanas,

las conozco muy a fondo;
son pobres, sí, pero honradas.
Ya sabe usted no soy santo,
ni el defensor de las faldas,
que no me falta experiencia,
que estoy harto de tratarlas,
Usted habrá oído, sin duda,
por ahí cómo las muchachas
me tratan de seductor,
que de mi persona y trazas
me valgo y después lo digo;
sin que parezca jactancia,
madres hay que compran lentes
por si su vista no alcanza
dónde el tiro de mis ojos
hiere las hijas; sé varias
que al verme venir de lejos
se largan con la pollada
como gallinas cluecas:
yo me río a carcajadas;
voy, las sigo, las alcanzo,
las saludo, llego a hablarlas...
Eso a las viejas las vuela,
pero a las hijas, ¿qué causa
hay para que yo les quite
la miajilla de esperanza?
vamos, usted ve en Madrid,
es lo mismo en toda España,
en gran parte de Inglaterra
y en casi toda la Italia.
Ya se ve, con mi presencia,
mis maneras, mi elegancia,
rico tren, bailes y el raut
asombro de estas honradas

españolas que no saben
más que vals y limonada,
si me aman mil mujeres
es preciso perdonarlas.
Sepa usted que es este cura
de muchas lágrimas causa.
En cuantas cortes he estado
me teme la diplomacia,
los militares me tiemblan
y todos los nobles rabian;
ya se ve, isi al llegar yo
se les despiden sus damas!
y como saben a más
que me sé poner en guardia.

(Haciendo el movimiento de esgrima que indica el diálogo.)

                Y yo no las solicito,
(Con vanidad.)   ellas se vienen rodadas.
                Hombre, me dijo en Berlín
                un joven de la Embajada,
                por Dios...

Don Carlos   Por Dios, deje usted
                lo demás para mañana,
                que se me va usted huyendo
                de la cuestión empezada.

Don Martín   Amigo, se me olvidó;
                dígame usted de qué hablaba.

Don Carlos   De las pobres...

Don Martín   Sí, ya caigo;

repito, pobres y honradas;
voy a contarle a usted todo,
porque sé que en Madrid charlan.

Don Carlos   Ya lo he dicho, es un horror,
                    los chismes hierven que espanta.

Don Martín   Calle usted y óigame hablar,
                    don Carlos; yo deseaba,
                    porque era amigo y tenía
                    con él cuentas atrasadas,
                    saber de don Juan Renzuelo;
                    siempre me salieron vanas
                    las más vivas diligencias;
                    decían unos fue a La Habana,
                    pasó a México, al Perú;
                    otros, no sabemos nada;
                    murió me dijeron varios,
                    pero no lo aseguraban;
                    un día me oyó este chico,
                    Ambrosio, el valet de chambra,
                    y me dijo había servido
                    a una tal doña Paca.
                    Quintañones de Renzuelo;
                    que esta tal se lamentaba
                    por un tal don Juan Renzuelo,
                    que se le fue a la otra banda;
                    al momento pasé a verla
                    y salió lo que pensaba:
                    Juan, que era un derrochador,
                    se casó y dejó plantada
                    su mujer joven y linda
                    con una niña y sin blanca.
                    Admire usted la virtud;

40

la infeliz de doña Paca
en medio de la pobreza
ha guardado siempre intacta
su fama y la de su hija,
que no es poco en la desgracia.
Mientras se mantuvo moza
halló proporciones altas
para volverse a casar;
pero la pobre ignoraba
su estado hasta que Dios quiso
que un chico alférez llegara
de Lima, que la contó
que una bomba le hizo plasta
su marido junto a Lima...
no caigo cómo se llama,
en el sitio... ¡qué memoria!...

Don Carlos
(Con ironía.)   De Caracas.

Don Martín   Me parece, sí, señor.

Don Carlos   Pues será...

Don Martín   Por ahí le anda.
Ya se ve, informado de esto,
al punto las traje a casa,
a más que a Juan le debía,
y cumple quien debe y paga.
Luego he visto documentos,
y ahí está el padrón que canta.

Don Carlos   ¿Cobrará la viudedad?

Don Martín	Hasta eso, no cobra nada, porque se casó en secreto. Esa es historia muy larga.
Don Carlos	Pues no me la cuente usted.
Don Martín	He de hacerlas pensionadas.
Don Carlos	¡Qué pensión! Usted no sabe lo que una niñita gasta en cachivaches y dijes cuando en la corte se halla y en el rango que a Luisita la pondrán las circunstancias si se casa con usted.
Don Martín (Pensativo.)	Y que ahora no tiene nada eso también lo sé yo, y es de bastante importancia esa razón.
Don Carlos	Y otras mil. Usted es un joven, sus gracias, su talento, su...
Don Martín (Con vanidad.)	Adelante.
Don Carlos	Su esclarecida prosapia de usted le deben hacer pensar en cosa más alta; una mujer que le iguale en patrimonio, y que traiga con un dote regular

una condición más clara.
Yo no digo que Luisita
sea de clase oscura o baja...

Don Martín

(¿Por qué será este interés?
¿Si querrá éste a la muchacha?)

(Como distraído y disgustado.)

Pues, bueno...; está bien, veremos;
yo tengo que hacer, me aguardan;
hablaremos más despacio...

Don Carlos

¡Y usted que desprecia tantas!
más corrido que una liebre,
ha de caer en la trampa
como si fuera usté un niño
cayéndosele la baba;
esas mujeres...

Don Martín
(Con enfado.)   Muy bien.

Don Carlos

Cuanto más buenas y santas
parecen ser, son acaso
más dobles y más taimadas;
pero, ¿qué, usted no me escucha?

Don Martín

Escuchando a usted estaba.
(Estoy tragando veneno.)

Don Carlos

Yo no sé, pero la cara
de la madre...

Don Martín	Sí, es verdad.
Don Carlos	Y después, ahí que no es nada un casamiento, ¡friolera! Al considerar las malas consecuencias que eso suele traer consigo, se espanta el hombre más atrevido; requiere tener más alma el que se casa en el día que el que asalta una muralla; pero, ¿está usted distraído?
Don Martín	He de escribir unas cartas. (¡Qué importuno!)
Don Carlos	Seguiré refiriendo lo que hablan por ahí, en Madrid, de usted.
Don Martín	Suplico a usted... creo que basta. (No hay duda, el bribón la quiere, y hace tiempo por si pasa o sale Luisa.)
Don Carlos	Un momento.
Don Martín	Yo tengo que hacer.
Don Carlos	Mil gracias. Si usted tiene que escribir...
Don Martín	No es echarle a usted de casa.

44

Don Carlos	Si no fueran ya las dos, (Mira el reloj.)
	y que un amigo me aguarda,
	aún siguiéramos hablando.

| Don Martín | (Maldita sea tu charla |
| | sempiterna.) ¿Y hacia dónde? |

| Don Carlos | Voy un rato a la Fontana. |

| Don Martín | Vaya usted con Dios, don Carlos. |

| Don Carlos | Servidor de usted. |

(Vase.)

Escena VIII

Don Martín	Sí, anda,
	condenado, que me has hecho
	padecer ahora más bascas
	que un perro rabioso. En parte
	tiene razón; lo que gasta
	una mujer ya lo veo
	por mí mismo, y que no es chanza;
	me llevan comido ya
	un dineral... quita, aparta,
	que me daban intenciones...
	mis cuentas van bien tiradas.
	Sí, señor; para casarme
	ésta es la mujer pintada;
	comido el pan de la boda
	canto como en una jaula
	lo siguiente: fuera lujo,
	fuera paseos y danzas,

solo se sale en el coche
una vez a la semana,
porque se gastan las ruedas,
porque las yeguas se cansan.
Se acabó Carabanchel,
teatros, toros y cañas,
que la mujer de su hacienda
pierna quebrada y en casa.
Aquí a repasar la ropa,
ver que no se pierda nada,
vigilar al mayordomo,
observar a las criadas,
etcétera y otras cosas
que ahora no se me alcanzan
y si no me entiende hablando
le escribo las ordenanzas;
pero sí me entenderá,
la pobre está acostumbrada.
Este pícaro don Carlos...
toma, la quiere que rabia,
yo le he de seguir los pasos...
voto va sanes.

(Dándose una
palmada
en la frente.)   ¡Las cartas!

(Vase.)

46

Acto II

Escena I
(Una sala de la habitación de Doña Paca.)
Doña Paca, Luisa, Ambrosio

Ambrosio   Créalo usted, doña Paca,
                  quedó el viejo hecho una breva.
                  Es un monstruo de amor propio;
                  pues, ¿no se piensa el babieca
                  que está Luisa que se muere
                  por sus pedazos?

Luisa   No fuera
                  mal capricho; vaya un necio.

Doña Paca   Niña, cállate, no sea
                  vuelva a saber cómo estoy
                  y lo que hablamos entienda.

Ambrosio   No hay cuidado; está allá arriba,
                  reniega que te reniega,
                  porque ha subido el cochero
                  a decirle que una yegua
                  se ha puesto mala y le faltan
                  dos herraduras, y mientras
                  tan solo por vanidad
                  se gasta lindas monedas
                  en futesas porque hablen
                  en Madrid de sus riquezas,
                  ahora que todo el gasto
                  se reduce a una miseria
                  riñe a cochero, lacayo,
                  y a toda la casa entera;

ya hay sermón para tres días;
y hay que armarse de paciencia.

Doña Paca
Dime, Ambrosio, ¿y qué tal cara
puso al pagar las pulseras?

Ambrosio
Mala, porque siempre pone
mala cara al dar pesetas,
aunque se obsequie a sí mismo;
mas, cuando al fin las emplea
en dijes para Luisita,
a hablar verdad, se contenta
con sacar un si es no es
ambos labios hacia fuera.

Luisa
¿Y piensas que al fin y al cabo
a casarse se resuelva?

Ambrosio
No me atreveré a jurarlo:
puede ser; pero la empresa
no deja de ser difícil
y peliaguda.

Doña Paca
                        Aunque sea
la mitad del dote, Ambrosio,
yo te prometo si llegas
a casarle con Luisita.

Luisa
Yo te ofrezco mi cadena
de oro con mi sortija
y el aderezo de perlas.

Ambrosio
(Con gravedad.)
Alto; bien claro lo veo;

con soborno vil intentan
que por último dé con
toda mi lealtad en tierra.
Eso no, ¡qué se diría!

Doña Paca   Vaya, Ambrosio, no nos vengas
aquí con cuentos; de antaño
nos conocemos, y cuenta
que aquí lo seguro es
llevar el negocio aprisa,
coger el dote...

Ambrosio   Y después
quedarme a tocar tabletas
y Luisita ya casada
y usted reverenda suegra
de mi amo manejándole,
a dime, ¿qué quieres, reina?
y el pobre de Ambrosio mal visto,
y luego puesto a la puerta,
logrando por pago que
más que todos le aborrezca
la misma que protegió.
No, señora, ni por esas;
soy amigo de hacer bien,
conozco bien las flaquezas
de mi amo, he protegido
la trama a viento y marea,
pero o todo se descubre,
o en este momento es fuerza
se me den tales fianzas
que a un judío persuadieran
a hacer un préstamo.

Luisa   Ambrosio,
                     mucho te engañas si piensas
                     asustarnos, cuida tú
                     no te quemes con la leña
                     que intentas arder, que puede,
                     si me da la ventolera
                     de presentarme humildita
                     a don Martín, y a las quejas
                     que ya sabes tú que tengo
                     añado con una mueca
                     y una lagrimita a tiempo
                     que me voy si no te echa,
                     porque eres un insolente,
                     atrevido y mala lengua,
                     estoy cierta que no duras
                     en casa más tiempo apenas
                     que el que tarda en persignarse
                     un chiquillo de la escuela.

Ambrosio   Mil gracias por el aviso
                     vaya, no armemos quimera
                     todos nos necesitamos
                     unos a otros.

Doña Paca   Y fuera
                     majadería reñir:
                     nuestro mutuo bien ordena
                     que todos nos ayudemos.

Ambrosio   Como hijos de Adán y Eva;
                     pero también es preciso
                     afianzar mi recompensa,
                     es preciso...

50

Doña Paca	En cuanto a eso, Ambrosio, como tú quieras.
Ambrosio	Ya ve usted, la caridad, que a fe de Ambrosio es mi regla, bien ordenada, se dice que por uno mismo empieza.
Luisa	¡Tú eres tan caritativo!

Escena II

Doña Paca, Luisa, Ambrosio, Don Carlos
(A la puerta.)

Don Carlos	Los cogí en la ratonera.

(Todos cambian de aspecto y hacen como que no le han visto: Luisa sigue hablando con Ambrosio con tono muy dulce.)

Luisa	Que le damos un millón de gracias por su fineza, que mi madre está mejor, que su Luisa no desea más que verle, que hace un siglo...
Don Carlos	Señoras, ¿ustedes buenas?
Doña Paca	¡Ah! Don Carlos.
Luisa	¿Es usted?

(Sigue hablando con Ambrosio en voz baja.)

Doña Paca	Yo he tenido una jaqueca.

Ambrosio	Está muy bien, señorita,
	lo diré sin faltar letra

(Vanse.)

Escena III
Doña Paca, Luisa, Don Carlos

Don Carlos	Conque, ¿y cómo va de boda,
	Mi señora doña Luisa?
	¿Don Martín está resuelto?
Doña Paca	Yo no sé; en cuanto a mi hija,
	como aunque es pobre es honrada,
	teme que por ahí se diga
	se casa por interés.
Luisa	No me casara en mi vida
	si fuera así; yo bien amo
	a don Martín...
Doña Paca	Calla, chica;
	ninguna doncella debe
	decir que ama; las niñas
	no tienen voluntad propia.
Don Carlos	Déjela usted; ya Luisita
	sabe muy bien lo que dice.
	(¡Chispas!, se pierde de vista
	la doncella.)
Luisa	Usted perdone:
	¡merezco que usted me riña!...

(Con dulzura.)	No señora, no hablaré. Hasta que usted lo permita. ¿Lo permite usted, mamá?
Doña Paca	Está bien; habla, hija mía.
Don Carlos (Con ironía.)	¡Qué ternura, qué inocencia! prosiga usted, señorita.
Luisa	Es usted burlón, don Carlos, y no se por qué me mira usted así.
Doña Paca	No hagas caso, es su genio; no te aflijas por eso. (Valiente tuno.)
Don Carlos	Sí, es mi genio. (Vieja indigna.)
Doña Paca	Don Carlos es tan chancero...
Don Carlos	Pero siga usted, Luisita; no interrumpa usted por mí lo que iba a decir.
Luisa	Decía lo que tengo que decir, aunque mamá lo prohíba; que la gracia y los modales de don Martín me cautivan, que lo quiero más que a todo en el mundo, que me hechiza su noble comportamiento, pero que estoy decidida

a ser infeliz, y a nunca
casarme en toda mi vida,
si sé yo que en sus adentros
él acaso se imagina
que sus riquezas tan solo
a unirme con él me incitan;
eso no, porque primero
me haré monja capuchina
que casarme así. ¡Jesús,
qué segura es mi desdicha!
¡Oh! sí, en un claustro, en un claustro

(Muy conmovida.)   pasaré toda mi vida.

Doña Paca   Calla, que me haces llorar.

Don Carlos   Pero mire usted Luisita,
que no está aquí don Martín.

Luisa   Y usted tal vez se imagina
que yo oculto mi sentir.

(Se echa a llorar.)

Don Carlos   No, pero...

Luisa   ¿Qué?

Doña Paca   Que no, hija,
te atormentes tanto.

Don Carlos   Acaso
como está usted conmovida
exagera usted un poco.

Doña Paca	(¡Qué pícaro! Tajaditas
	te había de hacer si pudiera.)
(Con dulzura.)	No llores más, niña mía.
	¿Por qué la hace usted llorar?

(A Don Carlos, con dulzura.)

Luisa	Bien sabe Dios que mi dicha
	no está en el dinero, no,
	y que quisiera ser rica,
	y que, pobre, don Martín
	me pretendiese, y verían
	las malas lenguas si entonces
	me incitaba la codicia
	a unirme con él.

Doña Paca	Si hubiera
	sido cuando tu familia
	no necesitaba nada,
	qué pronto entonces habías
	de cumplir tu gusto.

Don Carlos	Entonces
	don Martín, aunque en su vida
	haya sido muy buen mozo,
	al cabo pasar podría;
	sería joven y eso al fin
	pudiera darle cabida.

Luisa	A mí con él, un desierto
	y su amor me bastaría.

Don Carlos	¡Buen amante de desierto
	es don Martín Barandilla!

En medio de la ciudad
es un ente que fastidia.

Doña Paca
Hágale usted más favor
a un hombre...

Don Carlos
                        Por vida mía,
señora, que a mi entender
le hago seca justicia;
voy a explicarme más claro;
yo no dudo que Luisita
al favor de don Martín
esté muy agradecida;
concedo más, que le aprecia,
que le tienen mucha estima;
pero, por Dios, que le adora
con una pasión tan viva...
Es demasiado exigir
de mí. Usted es bonita,
y, es preciso confesarlo,
don Martín a nadie hechiza
ni hechizará; nuestro hombre
no ha sido brujo en su vida.

Doña Paca
Es usted tan informal...

Don Carlos
Lo que es por mí no habrá riña,
si usted quiere lo creeré;
si él oyera a usted, Luisa,
seguro estoy que almomento
al altar la conducía.

Luisa
No lo sabrá de mi boca
jamás; estoy decidida

a morirme sin decirle
lo que siento, aunque él lo exija.

Don Carlos

(A Doña Paca.)

(No hay duda, atrapan al viejo;
lo siento por su familia.)
Y usted también le idolatra:
supongo, doña Francisca,
él y usted en un desierto
fueran cosa nunca vista.

Doña Paca

No se burle usted, don Carlos;
yo le estoy agradecida,
y mucho; tengo motivos
para apreciarle, y mi hija,
si le ama, hace muy bien,
que todo a amarle la obliga;
nosotras dos retiradas,
viviendo en una guardilla
hemos pasado seis años
sin paseos ni visitas,
ganando nuestro sustento
trabajando, y a fe mía
que Luisa y yo no nacimos
para trabajar: mí hija,
puedo asegurarle a usted,
se crió en otras mantillas;
pero todo lo perdí
desde que se fue a las Indias
mi marido el coronel.
¡Ah! Cuántas van tan erguidas
y espetadas que no valen
para descalzar a Luisa
y parecen unas reinas,
y si luego se averigua

son unas...; nosotras, pobres
sí, pero sin picardía;
y otras que por ahí van
con arrumacos y cintas,
y viudas de militares
que en su casa no tenían
un pañal para liarse
cuando nacieron, y brillan
ahora en el Prado, y no sé
donde encuentran esas dichas,
porque yo...

Don Carlos   Basta, señora:
¿Dónde va esa retahíla
a parar?

Doña Paca   Va a que no tiene
usted razón si critica
que ame Luisa a don Martín
y yo por él me desviva,
porque habrá muy pocos hombres
que con tanta cortesía
cumplan como él ha cumplido,
favoreciendo una niña
huérfana con su madre,
que se hallaban reducidas
al trabajo, y no que espere
lo que suena la malicia
de las gentes, porque nunca
la inocencia y la desdicha
han sido más respetadas;
es verdad que él conocía
a mi difunto, y también
fue amigo de mi familia;

pero ¡cuántos hay, don Carlos,
que en la fortuna se olvidan
de sus mejores amigos,
y hacen como que no miran
si los hallan en la calle
por no saludarlos!

Don Carlos   Siga
usted la historia dejando
a un lado filosofías.
¿Con que al cabo don Martín
hace más que hizo en su vida,
y se ha echado a filantrópico
sin ninguna intencioncilla
traviesa?

Doña Paca   En el mismo instante
que supo quién era Luisa,
y conoció su honradez,
y que no era mujercilla
de esas de por ahí...

Luisa   ¡¡Jesús!!
Bien se equivó en sus miras.

Doña Paca   Como éramos pobres...

Don Carlos
(Con ironía.)   Pues.

Doña Paca   Cuántos perdones pedía
luego que nos conoció,
y con qué instancias tan finas
nos ofreció el cuarto bajo

59

	al punto en su casa misma,
	colmándonos de atenciones.

Luisa   (Madre, que viene.)

(A Doña Paca.)

Doña Paca
(Alzando la voz.)   Bendiga
                          Dios su noble corazón.

Luisa   Y su gentil gallardía,
                          que no hay otro don Martín
                          en el mundo.

Doña Paca   Y es envidia
                          lo que de él dicen.

Don Carlos   Sin duda.
                          (Han olido que venía,
                          y este concierto de elogios
                          bien claramente lo explica.)

Escena IV
Doña Paca, Luisa, Don Carlos, Don Martín

Don Martín
(Desde la puerta,
reparando
en don Carlos.)   No le engaña el corazón
                          a don Martín Barandilla.
                          ¿Cómo está usted, doña Paca?
                          A los pies de usted, Luisita.

Doña Paca	¡Yo ya estoy!...
Don Martín	(Se empeñó el hombre
	en que hemos de tener riña.)
(A Don Carlos.)	¿Me conoce usted, don Carlos?
Don Carlos	Sí; don Martín Barandilla,
	caballero de alto bordo,
	el coloso de la dicha;
	con quien las madres son dulces
	y se hacen de miel las hijas.
	El lord inglés, par de Francia,
	yo no sé cuántos en China,
	con quien...
Don Martín	Yo soy, voto a tal,
	quien no sufre picardías,
	¿está usted? ¡que ni a su padre
	las aguanta Barandilla!
Don Carlos	Usted pierde la prudencia...
Don Martín	
(Con enojo.)	¿Qué?
Don Carlos	
(Con calma.)	Que le caracteriza.
	Yo tengo sangre en las venas,
	y si usted me enciende en ira...
Don Martín	Don Carlos, hace ya tiempo
	que usted encendió la mía,
	y voto va que en ardiendo...

Don Carlos	Es usted una lamparilla.
Don Martín	Soy un demonio infernal, una furia que echa chispas, y no me provoque usted.
Doña Paca y Luisa (Levántanse y cogen a Don Martín.)	¡Don Martín!
Don Martín	No es nada, amigas; es que conmigo no hay tío... dejadme.
Luisa	¡Hay mayor desdicha! ¿Pero qué es esto, a qué viene, Virgen bendita, esta riña?
Don Martín	Soy un león, doña Paca; este hombre me precipita; usted no sabe siquiera de la misa ni una pizca.
Luisa	¡Ay!, por Dios, por mí, don Carlos. Que se calle usted suplica una huérfana infeliz, una señora afligida.
Doña Paca	Señor don Carlos, prudencia, por el santo de este día.
Don Carlos	Vaya que ustedes me echan a cuestas las letanías,

	y yo estoy y estaré quieto
	cuanto la prudencia exija.
Doña Paca	Don Martín.
Luisa	Mi...
Don Martín	(Punto en boca;
	si hablo más me desafía.)
	¿Qué, señora doña Paca?
	¿Qué, mi querida Luisita?
	Quise lavar una afrenta
	de que ustedes participan.
	¡Ay! Desventuradas madres
	que parís hijas bonitas.
	¡Ay! Desdichado del hombre
	que en la amistad se confía.
	¡Ay, amantes! ¡Ay, amadas!
	¡Ay, virtud, cuánto peligras!
Don Carlos	Don Martín, ese preámbulo
	cuidado a quién se dirija.

Don Martín (Sopla.)

Doña Paca	¿Otra vez la enredamos?
	¡Ay! ¡En matarme porfían!
Don Martín	(El porfiado en matarme
	es don Carlos, a fe mía;
	pero ¿quién sufre amenazas
	delante de su querida?)
	Lo que he dicho es lo que he dicho,
	y a no haber faldas diría...

Don Carlos	No diría nada entonces.
Don Martín	¿Cómo? ¿Qué?
Luisa	¡Cuántas desdichas te han caído, sin pensarlo, esta tarde, pobre Luisa!
Doña Paca (Con dulzura.)	Váyase usted de esta casa, don Carlos, por vida mía, duélase usted del estado en que se halla mi hija; ¡vamos, vamos!
Don Carlos	Sí, me voy porque usted me lo suplica; pero en mi ausencia, señoras, don Martín de Barandilla me indispondrá con ustedes, dirá de mí picardías, aunque yo se lo prohíbo.
Don Martín	Por eso usted no se iba; no señor, que esta es mi casa, y toda esta lengua mía. Sí, señor, y yo he de hablar por más que usted lo prohíba.
Don Carlos	¡Pobre viejo!

(Hace como que se va.)

Don Martín	¿Viejo yo?

(Yendo hacia él.)

Don Carlos   Don Martín, más sangre fría.

(Vase.)

Don Martín
(Hace que le quiere
seguir y las dos
le detienen.)   Si tengo aquí las pistolas
                    le hago los sesos ceniza.

Doña Paca   No siga usted a ese pícaro.

Don Carlos
(Volviendo atrás.) ¿Quién pícaro me decía?

(Doña Paca y Luisa gritan y se aturden.)

Don Martín   (¡Oh, quién se volviera sastre!
                    pero no.) Yo, Barandilla.

Don Carlos   Bien; y usted, sin duda, sabe
                    que el manchado honor se limpia
                    con la sangre del contrario.

Don Martín
(Turbado.)   Yo... dadas... tengo... infinitas
                    pruebas; mi espada...

Don Carlos   Es terrible.
                    Mas no es tan mala la mía
                    que no se cruce con ella;

	y no espere usted transija.
Don Martín	Sálgase usted de mi casa.
	(Estas mujeres no pían.)
	Al momento salga usted;
	mire usted que si me irrita
	tiro los treinta dineros.
Don Carlos	Tire usted hasta la camisa;
	venga usted conmigo fuera.
Don Martín	Allá voy (hembras malditas.):
	voy arriba, aguarde usted.
Luisa	¡Ay! No, por Dios, prenda mía.

(Don Martín hace esfuerzos como para desprenderse.)

	No, don Martín, de mi alma;
	no, don Martín, de mi vida.
Doña Paca	Amante infeliz, detenlo:
	¿adónde vais, homicidas?
Luisa	De aquí no pasas, Martín,
	sin que pises a tu Luisa.

(Abrazando las rodillas de Don Martín.)

Doña Paca	Que la matáis, inhumanos.
	¡Criados, criados! Hija,
	no lo sueltes. ¡Ay! Don Carlos,
	huya usted de nuestra vista.

| Don Carlos | Sí, me voy; pero hasta luego, |
| | que cumplirá usted una cita. |

| Don Martín | No puedo salir de casa... |
| | porque... no he oído misa. |

Escena V
Doña Paca, Luisa, Don Martín

Luisa (Muy agitada.) ¡Ay!, ya se fue.

Doña Paca ¡Qué maldito!

Luisa Hombre de entrañas dañinas.

| Don Martín | ¿Se fue? Le metí el resuello: |
| | sepa quién es Barandilla. |

(Las dos se sientan para descansar: Don Martín se pasea muy agitado.)

¡Hola! ¡Hola! ¿Indisponernos?
Yo no ando con chiquitas;
y si no se va, lo mato.

| Luisa | Mamá, cómo me palpitan |
| | las alas del corazón. |

Doña Paca	A mí también, hija mía;
	no es el caso para menos,
	¡Jesús, cómo me palpita!
	Don Carlos tiene la culpa
	de estas y otras desdichas,
	luego este don Martinito
	al punto se encoleriza;

¿qué había de suceder?

Luisa   Y nosotras dos las víctimas.

Don Martín
(Más calmado,
llegando a ellas.)   Oigan ustedes, ¿he dicho
alguna cosa ofensiva
a ese hombre?, pues no quiero
que de mí nunca se diga
que fiado de mi destreza
insulto, hablo sin medida,
o soy ligero en acciones;
eso no, y satisfarían
a don Carlos mis palabras
si tal fuese.

Luisa   Mamá mía.
¿No es verdad que no le ha dicho
ni una palabra ofensiva?

Don Martín   No acredite usted con nadie;
me basta que usted lo diga.
¿Y él ofendió a ustedes dos?
¿Me dijo alguna invectiva?
Porque es mordaz como un diablo.

Doña Paca   Es lo mismo que una víbora.

Don Martín   Si la dijo, le perdono,
sí, porque yo a sangre fría
soy indulgente con todos,
tengo el alma compasiva,
y... ¿qué me dijo, señora,

como usted dice, esa víbora?

Doña Paca   Nada, nada, don Martín;
               ya pasó. Dios le bendiga
               y lo aparte de nosotros,
               que es cuanto se necesita.
               ¡Ay!, si vive mi pariente,
               y está presente a la riña,
               con los dientes lo deshace.
               De tu padre hablo, hija mía;
               él evitara el trabajo
               de que usted fuera a la cita.
               ¡Picaronazo! ¡inhumano!
               que intenta quitar tres vidas.

Don Martín   (Ya no hay duda, mis orejas
               bien entendido lo habían.
               Me desafió, me mata.)
               ¿Oyó usted que él dijo cita?

Doña Paca   ¡Ay, sí, lo oí!

Luisa   Yo también.

Don Martín   Ya a mí me lo parecía.

Doña Paca   Aquí somos tres testigos
               que probárselo podrían;
               voy a ponerme la capa
               y a avisar a la justicia.

Don Martín   Doña Paca, esté usted quieta;
               ¿no ve usted que se diría
               que soy cobarde? (Y aquí,

69

donde ya se lo malician.)
Señora, el noble se bate,
gana honor o da la vida.
(Bien sabe Dios que esta máxima
no es de mi gusto ni es mía.)

Doña Paca   A pesar de eso reviento
por llamar a la justicia.

Luisa   Dejarlo, madre; no quiere:
lo dije, somos las víctimas,
y hemos de morir los tres
por ley de caballería.

Doña Paca   ¡Ley bárbara!

Luisa   ¡Ley terrible!

Don Martín   Me voy a sentar, amigas.

(Muy apesadumbrado.)

Escena VI
Doña Paca, Luisa, Don Martín, Eugenio
(A la puerta. Todos muy tristes y silenciosos. Don Martín da un suspiro.)

Don Martín   (¡Ay, Dios, qué será de mí!)

Eugenio   Allí está: maldito viejo.
¿Entro? No; ¿qué haré?, entraré...
Siempre con Luisa: me vuelvo:
no; ya me ha visto.

Don Martín   ¿Qué haces,

hecho ahí un estafermo?
Entra o vete, que pareces
una fantasma.

Eugenio   Ya entro,

(Al decir esto tropieza; va a caer encima de Don Martín.)

Don Martín   ¿Qué es esto? ¿Tú a mí te atreves?
(Con enojo.)   Insolente, que me has hecho
                   agua un pie de un pisotón,
                   y tú lo has hecho queriendo.

Eugenio   Yo, no señor; y yo... qué
                   culpa tengo, si tropiezo.

Doña Paca   ¡Este señor don Martín,
                   como es tan vivo de genio...!
                   No se altere usted por Dios,
                   que puede ser muy funesto
                   para su salud. ¡Dios mío!
                   estoy temblando de miedo.

Luisa   ¡Ay!, yo estoy tan asustada,
                   tengo un ataque de nervios.
                   ¡Ay, Dios!, su tío de usted
                   se va a matar, don Eugenio.

Don Martín   ¡Ay!

Eugenio   ¿A matar? ¿Y por qué?
                   ¿Y está a matarse resuelto?
                   ¿Le han cogido ustedes armas?
                   ¿Ha dispuesto algún veneno?

¿Por qué se va usted a matar,
a suicidarse?

Doña Paca   No es eso.

Eugenio   Yo llamaré a los criados
                 que lo impidan.

Luisa   Si no es eso.

Eugenio   Sí, señor, que le registren
                 por si lleva algún veneno
                 o pistola en el bolsillo.

Doña Paca   Por Dios, señor don Eugenio,
                 que no es eso.

Eugenio   ¿Pues qué es?

Luisa   Que le han armado un tropiezo;
                 que quieren asesinarle.

Don Martín   Y mucho que me recelo
                 (¡Ay, Dios!) que para lograrlo
                 busque algunos compañeros
                 que le ayuden.

Eugenio   ¡Santo Dios!
                 ¿Quién es?... El nombre al momento
                 del que le quiere matar
                 digan ustedes, que vuelo
                 a dar parte a la justicia;
                 iré al corregidor mesmo,
                 al ministro, a algún alcalde.

(Tiene el sombrero en la mano izquierda.)

¿Adónde he puesto el sombrero?
Ya se perdió: ya está aquí:

(Se pone el sombrero de Don Martín, que se le mete hasta las narices.)

no es éste; vaya, lo tengo
en la mano.

Don Martín   ¡Ay!

Luisa   Don Martín,
usted va a ponerse enfermo
si no se sosiega usted.

Doña Paca   ¡Ay, qué color se le ha puesto!

Don Martín   Déjenme ustedes; estoy
que ni aun sufrirme a mí puedo;
(Con enfado.)   estoy temblando de cólera.
                             (En qué demonio de enredo
(Muy afligido.)   he ido a meterme...) Mi hermano
el de Córdoba se ha muerto:
¡a mí todo se me junta!...

Eugenio   Voy a dar parte.

(Vase muy precipitado.)

Don Martín   ¡No hay medio!...
(Aparte
entre dientes.)   ¡Una cita!

Doña Paca   ¿Manda usted?

(Con dulzura.)

Don Martín   A usted no le importa un bledo.

Luisa   No se enfade usted por Dios:
                                    sosiegue usted ese genio.

Don Martín   Sí, Luisita, usted perdone.
(A Doña Paca.)   (Maldita seas, que me has puesto
                                    en este trance terrible.)

Luisa   (De risa casi reviento.)
                                    ¡Ay!, usted ya no me quiere;
                                    me mata usted con su ceño.
                                    (Haré que lloro y la risa
                                    cubriré con el pañuelo.)

Doña Paca (A Luisa.)   (Mira, Luisa, te pellizco
                                    si sales ahora riendo.)
                                    Don Martín, ¡ay!, mi difunto
                                    había de vivir, que presto
                                    le daría el pago a ese tuno;
                                    pues sí, que bonito genio
                                    tenía el niño; era otro usted
                                    para quimeras.

Don Martín   No temo
                                    al tal don Carlitos yo;
                                    pero si lleva un sujeto
                                    que llaman El turco (¡ay!)
                                    de padrino, entonces ciertos

son los toros. (¡Ay Dios mío!
¡Qué laberinto! ¡Qué enredo!)

Luisa (A su madre.)   ¡Qué nombre! ¿Oye usted? ¡El turco!

Don Martín   Es hombre que lleva muertos
más de siete en desafío.
(Sin duda, mañana muero.
¡Locura como la mía...!)

Escena VII
Doña Paca, Luisa, Don Martín, Eugenio
(Entra atropelladamente.)

Eugenio   ¿Cómo se llama? Que vuelvo
desde la calle Mayor
sudando y falto de aliento.

(Don Martín se levanta muy azorado.)

Don Martín   ¿Quién?, ¿le has hallado?, ¿te ha dicho
que me aguarda ya en el puesto?

Eugenio
(Sorprendido.)   ¿Pues cómo?, ¿qué ocurre?, ¿acaso
hay otro negocio nuevo?

Don Martín   ¿Y te ha dicho con qué armas?,
porque todavía no tengo
mi testigo.

Eugenio   ¿Pues testigos
estas señoras no fueron?
¿Las armas?, será un cuchillo.

Don Martín	Yo no sé, nunca te entiendo ¿un cuchillo?
Luisa	¿Pero qué quiere usted decir, Eugenio?
Don Martín	Eso es lo que yo digo; tú siempre habrás de ser necio.
Doña Paca	¿Pero qué? Explíquese usted porque yo a fe que no entiendo nada.
Eugenio	Ese hombre.
Don Martín	¿Qué hombre?
Eugenio	Ese que ustedes dijeron.
Luisa	¿Y quién dijimos nosotras?
Eugenio	Ese, que ya no me acuerdo, El que quiere asesinar...
Don Martín	Y bien, sigue.
Doña Paca	¡Qué tormento!
Eugenio	Ese.
Don Martín	¿Pero quién es ése?
Eugenio	Que cómo se llama quiero

saber solo.

Don Martín	Y ¿qué te importa a ti?

Eugenio	Toma, yo me entiendo.

Don Martín	¡Te quitas, o vive Dios!... (Pues no me asustó el zopenco...

Eugenio	Pero yo...

Don Martín (Con enojo.)	Vete al instante.

Eugenio	¿Pero yo qué culpa tengo? Por hacer a usted un favor...

Don Martín	Vete, si no ¡juro al cielo!...

Luisa	¡Don Martín!

Doña Paca	Déjelo usted.

Don Martín	Pues que se vaya al momento.

Eugenio	La culpa la tengo yo (Ojalá te maten luego, tanto mejor para mí.)

Escena VIII
Doña Paca, Luisa, Don Martín, Eugenio, Ambrosio

Ambrosio	Ha llegado un caballero

	que pregunta por usted.
Don Martín	Visita más poco a tiempo no llegó nunca.
Ambrosio	Y me ha dicho que quiere entrar al momento.
Don Martín	¡Ay! ¿Qué será?
Luisa	¿Y usted solo va a quedarse aquí, y expuesto a que lo mate aquí mismo? No señor; no, yo me quedo con usted.
Doña Paca	Nosotras, sí, sobre usted vigilaremos; no es cosa que usted se exponga.
Don Martín	Ese será el mensajero de don Carlos: ¿di, qué facha?...
Luisa	Debe ser un hombre feo.
Ambrosio	Tiene un chirlo que le coge de la frente hasta el pescuezo, de parte a parte.
(Señala.)	
Don Martín	Es el turco: pues señor, negocio hecho.
(A las señoras.)	Si ustedes me dejan solo

lo estimaré.

Doña Paca	¿En tanto riesgo?
Don Martín	Creo no corra ninguno, por este momento al menos.
Doña Paca	¡Ay Jesús! Yo voy temblando.
Luisa	¡Con cuánta pena le dejo!

(Vanse.)

Don Martín	Tú, Ambrosio, estate a la mira.

Escena IX
Don Martín, el Coronel
(Entra.)

Coronel	¿Di, te parece a ti bueno que haya de hacer antesala quien después de tanto tiempo que no te ha visto aún se acuerda de ti? ¿Díme majadero?
Don Martín (Sorprendido.)	(Majadero me llamó.) No tengo el honor..., no acierto... (¡Cáspita, el tono que trae!)
Coronel	Tú siempre fuiste algo lerdo; no es extraño que no aciertes; repárame bien, camueso.
Don Martín	(Este hombre solo ha venido

a decirme vituperios.
¡Y qué facha tan terrible!)
Señor, de veras no acierto
quien sea usted, no hago memoria...

Coronel

Yo soy un hombre.

Don Martín
(Con respeto.)

           Lo creo.

Coronel

Mas no te asuste, Martín.
¿Has olvidado a Renzuelo,
coronel de infantería...?

Don Martín
(Abrazándole.)

¿Y eres tú?, ¿qué, no te has muerto?
(¡Si supiera doña Paca!...)
Me vuelves el alma al cuerpo.
¿Conque vives?

Coronel

           ¿No me ves?

Don Martín

¡Jesús, Jesús, me dijeron
que te habían visto morir!
Mira, Juan...

Coronel

           Pues te mintieron.
Hombre, tú no has cambiado;
solo estás algo más viejo.
¿Ya tendrás sesenta años?

Don Martín

Sí, sesenta; ve añadiendo:
sí, sesenta.

Coronel	Estoy seguro
	de que no son muchos menos.
Don Martín	Ya se ve, un millón de años
	no me faltan para hacerlos.
	Yo no sé cómo tú cuentas
	los años; pero dejemos
	esto, que no viene al caso.
	¿Y has llegado ha mucho tiempo?
Coronel	He llegado anteayer,
	y me he venido derecho
	a verte cuando he sabido
	tu habitación.
Don Martín	Estoy cierto
	que no te ha costado mucho
	encontrarla, y que al primero
	que preguntaste por mí
	te dio razón al momento.
	Todo Madrid me conoce.
Coronel	Y hasta también añadieron
	que tratabas de casarte,
	lo que me dejó suspenso
	y me extrañó en gran manera,
	porque tú...
Don Martín	Que soy ya viejo
	quieres decir.
Coronel	Y además
	tienes partidas de perro
	con las prójimas, Martín;

tarde te vino el deseo;
buen gancho será la niña.

Don Martín   (Hablara con más respeto
si supiera que es su hija.)
Pero hombre, díme, Renzuelo,
¿tu familia no la has visto?

Coronel   ¿Y sabes si yo la tengo
para hacerme esa pregunta,
Barandilla?

Don Martín   (Pone ceño.
Ya me dijo doña Paca.)
¿Di, tus parientes han muerto?

Coronel   ¿Ignoras, Martín, que solo
tenía un tío muy viejo,
que murió en Valladolid
hará dos años y medio,
y mi primo, el que mataron
en un desafío?

Don Martín   (¡Cielos!)
¿En un desafío? (A mí
me va a suceder lo mesmo.)
¿En un desafío?

Coronel   Sí;
¿qué hay de extraordinario en eso?
Que le mató su contrario
como él pudo haberle muerto.
¿Por qué cambias de color?

Don Martín	¡Ay, Renzuelo, qué funestos son los lances!
Coronel	¿Qué te mueve a declamar contra ellos en este momento?
Don Martín	¡Ay!
Coronel	¿Te ves en algún enredo? Tú suspiras: habla, acaso te sacaré del aprieto.
Don Martín	Ya me lo pensaba yo que tú venías del cielo para salvarme.
Coronel	Pues vamos. ¿Qué es, y cuál el remedio que te pueda convenir?
Don Martín	Hombre, qué quieres, un duelo que me he visto precisado...
Coronel	Punto de honor; pues me ofrezco a servirte de padrino.
Don Martín	¿Y a cortarlo, di? ¿No es eso lo que intentas?
Coronel	No, al contrario; cuando yo en lances me meto no es por chanza; el lance que yo apadrine ha de ser serio.

83

Don Martín	¡Pero hombre!...
Coronel	Y yo supongo que no me dejarás feo.
Don Martín (Con mucha pena.)	¡Con que no hay sino batirse! (¿Por qué le habré descubierto?...) Yo anduve descabellado; le provoqué, te confieso. no tendré dificultad en confesarle mi yerro, yo tengo buen corazón. (¡Si lograra convencerlo!)
Coronel	Tanto peor: yo creí que tú nada le habías hecho; que él era el provocativo; y hasta juzgué que en efecto el lance podría cortarse; pero así no veo remedio.
Don Martín	Es que no sucedió así conforme yo te lo cuento: como estoy acalorado todo lo trabuco y trueco... ¿Y crees tú que él me daría por intercesión y ruegos la satisfacción que dices? Y si está en sus trece terco y no la quisiera dar, ¿tú le forzarás a ello?

Coronel	¿Yo por qué? A ti te toca
	tomarla con el acero.
	¿Qué se dijera en Madrid
	si notaran algún miedo
	en don Martín Barandilla,
	que justamente es el cuento
	de bailes y de tertulias,
	de cafés y de paseos,
	de damas y de galanes,
	de la alta clase y del pueblo?
	Barandilla, Barandilla,
	es menester más aliento,
	es preciso en este lance
	o matar o quedar muerto.
	Tú ya sabes que lo digo
	por lo mucho que te quiero.
Don Martín	(Raro cariño, en verdad.)
	Renzuelo, te lo agradezco.
	(Eché a perder el asunto
	con decírselo.)
Coronel	¿Qué rezo
	murmuras ahí entre dientes?
Don Martín	No es nada..., no..., que me acuerdo
	de tu primo.
Coronel	¿De mi primo?
	¡Vaya un recuerdo que ahora
	te ha venido a la cabeza!
	¿Y tú por mi primo lloras,
	que nunca le conociste?

Don Martín	Su muerte fue escandalosa;.
	la supo todo Madrid.
	¡Ay!
Coronel	Martín, mucho te azoras:
	tú has perdido la sesera.
Don Martín	¡Ay, tu primo! ¡Fuera cosa
	de ver que me sucediera
	lo que a tu primo!
Coronel	¿Y qué importa?
	si así sigues, es de fijo
	que puedes comprar la losa.
	Pero tú que siempre fuiste
	pacífico por tu propia
	naturaleza, ¿a qué santo
	fuiste a enredar camorra?
	¿Cómo pudiste salir
	de tus casillas?
Don Martín	La cólera
	más poco a tiempo tenida
	con un hombre de pachorra,
	que es capaz de provocar
	a los santos con su sorna:
	¡bien lo siento!
Coronel	¿Y qué motivo
	le diste?
Don Martín	(Tu hija sola
	tuvo la culpa del lance.)
	¿Qué quieres? Un hombre posma

86

que siempre me anda buscando.

Coronel

¿Y por qué te busca?

Don Martín

                    Toma,
por envidia, porque ve
el mérito que me adorna;
que soy hombre conocido
de los monarcas de Europa;
que cuantas mujeres veo
me persiguen y me adoran;
y que tengo de mis viajes
para imprimir una obra
de ciento y un mil renglones,
y que estoy poniendo notas
al Quijote.

Coronel

              Tú desbarras.

Don Martín

¿Te creías que era cosa
de mil o dos mil renglones?
Ciento y un mil sin las notas,
sin tres mil recetas químicas,
y en cada nota una copla.

Coronel

¿A qué?

Don Martín

           Las que más se cantan
en las provincias de Europa;
las de Arabia, las del Rin,
las de Egipto y Caledonia,
pero al Quijote, al Quijote,
¡qué erudición!, ¡cuánta copia!
Y le enmiendo algunas faltas,

	aunque en verdad tiene pocas.

Coronel

(¡Sol de la literatura!
¿Por qué mancharán tus hojas?)
Di, ¿se imprimirá?

Don Martín

No sé;
si todo me lo trastorna
este desafío. ¡Ay, Dios!

Coronel

Pues hombre, tómalo a broma.

Don Martín

¡Broma en llegando a este punto!
¡Ay! Me entra una zozobra,
un no sé qué, una inquietud...

Coronel

No tienes mala carcoma;
miedo, Martín.

Don Martín

¡Ay! ¡Tu primo!
Mira, si tiemblo es de cólera.

Coronel

Los síntomas son de miedo.

Don Martín

Es furor.

Coronel

Martín, perdona.

Don Martín

No hay de qué.

Coronel

Para saciarte
¿qué has elegido, pistola?

Don Martín

A no ser corto de vista,

lo que es el valor me sobra.

Coronel   Con eso os pondréis más cerca;
                      acertar es lo que importa;
                      todo es matar o morir;
                      lo siento por si te toca
                      la china.

Don Martín
(Abrazando al
Coronel.)   ¡Renzuelo mío!

Coronel   Quita allá, que me sofocas.

Escena X
Don Martín, el Coronel, Ambrosio
(Con una carta en la mano, que entregará a Don Martín.)

Ambrosio   Esta carta que han traído,
                      y aguardan que usted responda
                      al momento.

(Vase.)

Don Martín
(Mirando el sobre.)   Es de don Carlos.
                      ¡Qué demonio de tramoya!

(La abre y se pasa la mano por los ojos.)

                      No sé, no puedo leer:
                      hasta los ojos me brotan
                      ira.
(Da la vuelta

a la carta.)	Renzuelo, ven, hombre:
	este don Carlos me acosa,
	y yo... ni aun puedo leer...

Coronel

Hasta lo negro le estorba;
tienes la carta al revés;
ven acá, así se coloca;
por aquí empieza.

Don Martín

Sí, lee.

Coronel

(Lee para sí.)

Tú estás que todo te azora,
y a fe que la letra es clara,
y la cartita, aunque es corta,
es compendiosa: te cita
al campo de aquí a una hora.

Don Martín

A ver, lee, Renzuelo, lee;
acaso tú te equivocas.

Coronel

Está visto que don Carlos
te quiere mal.

Don Martín

Dale, bola;
lee, por Dios.

Coronel

Allá voy;
tú estás ahí que te ahogas.
Pues, señor, y dice así:
«Señor don Martín Barandilla, Muy Señor mío: Los
insultos entre caballeros solo se satisfacen con la
espada, y como yo creo que usted lo es, espero que
esta tarde, a las cuatro y media, se hallará usted en el
Canal con las armas que elija y el padrino que haya de

acompañarle. Allí estaré yo con el mío, y entretanto queda de usted su seguro servidor, el que su mano besa, Carlos de Lara.»

Don Martín

¡Ay, Renzuelo, qué congoja!
Voy a hacer mi testamento.

Coronel

Corazoncillo de monja,
ten ánimo.

Don Martín

           Yo soy viejo,
y la sociedad perdona
a los viejos el batirse;
a mi edad ya no hay camorras.

Coronel

A menos que no se busquen,
porque mucho te equivocas
si piensas que con la edad
ya del derecho se goza
de insultar sin riesgo; y luego,
¿tú no eras joven ahora
poco?

Don Martín

        Perdí la cabeza;
déjame que me reponga
de este susto inesperado,
de esta continua zozobra;
vamos arriba, que voy
a hacer testamento en forma.

Coronel

¿Qué diablo de testamento
vas a hacer? Lo que te importa
es ir a ver a don Carlos;
vamos, ven.

(Le coge de un brazo, temblando le saca fuera.)

Don Martín   ¿Y las pistolas?

Coronel   Ven, hombre, ven, no seas plomo.

Don Martín   ¡Ay! ¡Tu primo!

Coronel   Martín, porras,
                    Martín, cuernos, arrastrando
                    te he de llevar.

Don Martín   Que me ahogas.

Acto III

(La misma decoración que el primer acto. Es de noche, algunos criados sacan luces.)

Escena I
Don Juan, Don Carlos, Don Martín

Coronel	En las islas Filipinas
	dejé yo los cumplimientos;
	se estará una hora a la puerta
	el herido con el muerto;
(Volviéndose hacia la puerta.)	el cadáver de Martín
	ordeno que entre primero.
Don Martín (Desde fuera.)	No, señor, que aquí yo mando.
	Si no entra don Carlos, no entro.
Don Carlos (Entrando.)	Ea, pues.
Don Martín	Así me gusta,
	señores, tomad asiento.
	Hoy estoy muy quebrantado.
Don Carlos	Será la culpa del tiempo.
Coronel	Sí, que a los viejos no prueba
	en estos días de invierno
	andar fuera de techado
	a todas horas y en cuerpo;
	mas tú por lucir el talle...

Vaya, lo mismo se encuentra
que le dejé a mi partida.

Don Martín   En cuanto a robusto es cierto;
pero ya tengo más juicio.

Coronel   Debieras: la edad al menos...

Don Martín   (Este va a desaprobar
la boda.) Hombre, no es eso:
Mira, Juan, cuando salimos
a buscar al caballero
el asunto corría prisa,
el coche no estaba puesto,
la capa me impide andar,
y por eso salí en cuerpo:
no te pienses que estoy malo;
algo de dolor de huesos...

Coronel   Entonces será el reuma,
que se ha hecho absoluto dueño
hace más de cuarenta años
de tu físico.

Don Martín   No es cierto.
Tengo mi cuerpo muy sano.

Coronel   Vaya, pues muy buen provecho;
pero hablemos de otra cosa,
que nos importa más que eso;
don Carlos, por lo pasado
creo está usted satisfecho;
Martín me parece que
ha confesado su yerro

| | manifestándole a usted |
| | que eran faltas de su genio. |

Don Martín	(Este condenado de hombre,
	¿a que resucita muertos?.)
	Lo que dije a usted, de veras,
	como lo dije lo siento,
	que era usted mi íntimo amigo,
	que yo tenía dos duelos,
	el uno de hombre a hombre,
	y otro con mis sentimientos;
	que no sé si en mis palabras
	anduve un poco indiscreto,
	y si fue, pido perdón
	a quien mil favores debo;
	que yo no guardo rencor;
	en fin, que no dije aquello...

Don Carlos	Señores, yo ya he olvidado
	el lance poco halagüeño
	que a los dos nos indispuso.

| Coronel | No me esperaba yo menos. |

Don Martín	Aquí dio fin la tristeza;
	no se vuelva a hablar más de eso;
	Carlos, alarga la mano;
	contigo sin cumplimientos;
	tú por tú, de hoy adelante.

| Don Carlos | Bien, hombre. |

| Don Martín | Di algo al menos; |
| | habla ahora más que sea |

de la bo...

(Calla al acordarse del Coronel.)

Don Carlos ¿Del casamiento
que usted quiere contraer?
¿Y al cabo está usted resuelto?

Don Martín Hombre, si yo necesito...

Coronel ¿Quieres tener heredero,
no es verdad?

Don Carlos ¿Pero el señor
no es su...?

Don Martín
(Interrumpiendo.) Cuanto me alegro
que hayas venido de América.
Es su padre,
(A Don Carlos.) sí, silencio.

Don Carlos
(A Don Martín.) Usted quiere darle chasco.
(No me parece pequeño
el que vas a llevar tú.)

Coronel ¿Con qué diablos de secretos
andas ahí, Barandilla?
¿Estás echando requiebros
a don Carlos?

Don Martín Sí; le pido
que disimule mi genio;

(Meneando la cabeza muy deprisa.)	soy tan vivo... Pues me caso mi querido Juan Renzuelo.
Coronel	Pues amigo Barandilla, no conocerás tus nietos. Hablando formal, Martín, si me dicen qué más quiero, ser célibe o ser marido, conforme me estoy me quedo; pero no por eso creas que si casas bien lo siento.
Don Martín	(Cómo se hace el solterón el maldito, y es mi suegro.) Caso con mujer hermosa, recogida, y un modelo de virtud; muy poco amiga de lujo, bailes, paseos; hija de padres muy nobles, y en cuanto a rica, veremos.
Coronel	Solo es rica con que tenga virtud y recogimiento. La hermosura, Barandilla, en mujer propia es lo menos, y aun pienso que está de más para la mujer de un viejo.
Don Martín	Siempre acabas la oración con ese mismo argumento. Tú vendrás hecho un indiano,

con más doblones que pelos.

Coronel   Hombre, no soy poderoso,
                           pero traigo algún dinero.

Don Martín   (Mi arca, llamada mazmorra,
                           va a tragarse tus talegos.)
                           Sí, ¿eh!, conque ¿vienes rico?
                           Pues, señor, vaya, me alegro;
                           ya no estoy pobre tampoco.
                           No te pienses que soy Creso;
                           pero el día de la boda
                           verás no me porto menos.
                           Ni Camacho, ni Cleopatra
                           dieron un festín tan bueno
                           como el mío: de Inglaterra
                           he de traer cocineros,
                           y de los más afamados,
                           los mismos que me sirvieron
                           cuando di un combite en Londres
                           al rey Jorge, que ya ha muerto.

Don Carlos   Es noticia.

Don Martín   Si en España
                           no saben ni freír huevos.
                           Veréis qué mesa. Os convido.

Coronel   Y no temas que faltemos.
                           ¿Pero cuándo es esta boda?
                           ¿Con quién es el casamiento?
                           Dílo claro.

Don Martín   Don Juanito,

98

	no se puede decir eso.
	Carlos, no le digas nada,
	porque quiero sorprenderlo.
Don Carlos	Hombre, extraño la advertencia
	cuando me ves hecho un muerto.
	(Tratar de tú a don Martín
	es tutear a mi abuelo.)
Don Martín	Tú verás, mi coronel,
	lo que te tengo dispuesto.
Coronel	Pues, señor, bien.
Don Carlos	(Yo lo silbo
	si es cual pienso el desenredo;
	callo, y él se las avenga,
	cásese o quede soltero.)

Escena II

Don Juan, Don Carlos, Ambrosio
(A la puerta.) Don Martín (Echándole de ver.)

Don Martín	¿Qué quieres, segundo Judas?
Ambrosio	¿Puede usted oír un secreto?
Don Martín	Allá voy.

(Se acerca a la puerta.)

Coronel	Señor don Carlos,
	Martín ha perdido el seso.

Don Carlos	En tocando al amor propio solamente es loco o necio, pero juicioso y sagaz en asuntos de comercio. Yo no sé...
Ambrosio (A Don Martín.)	Mi señorita me ha dicho que quiere verlo a usted pronto, que está en ascuas, y que va a entrar al momento si no se van las visitas; que haga usted se vayan presto; y afirmó su impaciencia con más de veinte corriendos.
Don Martín	Ya se ve, tiene razón. (Más yo he de echar a Renzuelo, si no el plan...) Ve y díle, Ambrosio, que voy a salir y vuelvo al instante.
Ambrosio	Está muy bien.
Don Martín (A los dos.)	¿Qué se piensa caballeros? ¡Hombres!, se me había olvidado ir a tomar el refresco. Vamos pronto, levantarse. Será espléndido.
Coronel	No entiendo a qué santo vas a darnos ese dichoso refresco.

Don Martín	Refresco como yo doy cuando salgo bien de un duelo.
Coronel	Verdad es; yo no caía...
Don Carlos	Vamos allá...
Don Martín	Id saliendo.

(Vanse.)

Escena III

Ambrosio	Pues, señor, no cabe duda; si yo no ato mal los cabos, Juan Renzuelo, coronel, coronel americano, que antes de ir a las Indias ya era amigo de mi amo. Ítem más, que don Martín le llamó el resucitado. ¡Ay!, que sí salgo con bien le compro una vela a un santo. iy yo que le dije, iburro!, que serví siendo muchacho en casa de doña Paca cuando el marido enfadado pilló las de Villadiego... ya se ve, para afirmarlo! ¡Quién lo había de pensar! Yo en verdad no siento tanto que don Martín me despida sin abonarme el salario,

que es lo más que hace; yo temo
que sepa anduve en el ajo
el bueno del coronel,
y que fui testigo falso,
que entonces da fin la historia
de Ambrosio, el más fiel criado:
¡Ay! aquí llega la víctima:
voy a decírselo claro,
que las bebidas amargas
mejor se pasan de un trago,

Escena IV
Luisa, Ambrosio

Luisa
(Con sentimiento.)   Ambrosio, dime, ¿no ha vuelto
                          ese corazón helado?

Ambrosio
(Imitándola.)   No, señora, que no ha vuelto
                          que hace poco se marcharon
                          Don Carlos, él y su suegro,
                          aquel coronel indiano
                          padre de mi señorita,
                          cuando éramos dos muchachos:
                          aquel que aplastó una bomba
                          en el sitio del Callao;
                          con don Juan Renzuelo, digo,
                          que está vivo y ha llegado.

Luisa   ¿Ambrosio, no me conoces?,
                          ¿o tú estás loco o borracho?

Ambrosio   ¡Ojalá, doña Luisita,

102

me viese usted hecho un Baco!
Más tan cierto es lo que digo
como aquí los dos estamos.

Luisa

Oye, di, ¿qué señas tiene?
Responde sin estudiarlo;
él es bajo de estatura.

Ambrosio

No, señora, no, que es alto,
y en salvo la parte tiene
un chirlo de más de un palmo.

Luisa

(En la guerra del francés
dicen que le hirió un polaco
en la cara.) Sigue, Ambrosio.

Ambrosio

Color moreno atezado,
un sí es no es algo cojo,
y unos pelos como un diablo,
tiesos, un bigote...

Luisa

                Calla,
que me estás asesinando.
¿Conque es algo cojo?

Ambrosio

                    Un poco
me ha parecido carranco
de tal pierna como ésta.

Luisa

(Ahí mismo tiene un balazo.)
Voy con madre, que le sabe
toda la vida y milagros
lo mismo que el Padrenuestro.
Sigue, Ambrosio.

(Cada vez con más sobresalto.)

Ambrosio   Voy andando;
                        pero por mí estoy seguro
                        que el coronel ha llegado.

Luisa   Que me matas, mira, Ambrosio,
                        cuando te oigo asegurarlo.
                        Sí... es cierto...

Ambrosio   ¿Qué le da a usted?

Luisa   Tenme, tenme, que me caigo.

(La sienta en una silla.)

Ambrosio   Pues, señor, no me faltaba
                        sino que le dure el pasmo,
                        que entre ahora don Martín,
                        que piense que la he hecho algo,
                        que sin cuerpo de delito
                        castigue en mí el por si acaso,
                        que me encierre, que descubra
                        aquel pastel entretanto,
                        que averigüe el coronel
                        que yo también lo he amasado,
                        que le pida a Barandilla
                        me suelte y él me eche el gancho,
                        cata que salí de Herodes
                        para caer en Pilatos
                        el coronel me desuella...
                        ¡San Bartolomé! Yo escapo.

(Va a irse y llama Doña Paca a la puerta.)

Escena V
Luisa, Ambrosio Y Doña Paca

Doña Paca
(Desde fuera.)   Don Martín, ¿se puede entrar?

Ambrosio   Vaya, lo mismo es, la suegra.
                        Hazte cuenta, pobre Ambrosio,
                        que te echaron a las fieras.
                        También soy víctima yo
                        de las uñas de una vieja.

Doña Paca
(Entrando.)   Como oigo ruido en el cuarto,
                        valida de la franqueza...

(Arrojándose a él y cogiéndole del brazo.)

                        ¿Qué es lo que miro, canalla?
                        ¿Qué le has hecho?, ya está muerta.

Ambrosio   Suelte usted, no la he hecho nada.

Doña Paca   Quién fuera perro de presa.

Ambrosio   Suélteme usted, por la Virgen,
                        si no pierdo la paciencia.

Doña Paca   Di, ¿qué has hecho, picarón?

Ambrosio   Nada; que lo diga ella.

Doña Paca	No es posible, algo muy malo será, que no es de las hembras que por todo se desmayan, y ahora lo está de veras. Hija de mis ojos, díme si este hijo de una perra te hizo o quiso hacer alguna cosa perversa.
Ambrosio	Lo dije.
Luisa	No, madre mía, no fue él, ¡ojalá fuera!
Doña Paca	Pues hablad pronto; decidme qué cosa, quién fue y quién sea el autor de este trastorno.
Luisa	A mí me faltan las fuerzas; ¡ay, madre de mis entrañas! Cuando usted misma lo sepa...
Doña Paca	Ambrosio...
Ambrosio	Que su marido de usted ha vuelto de América.
Doña Paca	¿Qué marido?
Ambrosio	El coronel don Juan Renzuelo.
Doña Paca	La lengua te había de hacer añicos

106

	por infame y embustero;
	no te espantes,
(A Luisa.)	que una bomba
	lo aplastó como una breva;
	tan
(A Ambrosio.)	muerto estuvieras tú
	podrido y comiendo tierra.

Ambrosio   Pues lo he visto con mis ojos.

Luisa   Sí, mamá; ya estamos frescas;
sin haberlo oído nunca,
me ha dado todas las señas;
la cicatriz, la estatura,
el color y la cojera;
vamos, todas.

Doña Paca   No te asustes,
que ése es el moro, tontuela.

Ambrosio   ¿Se llama el moro don Juan?
¿Se llama Renzuelo, y llega
de América hace muy poco?
¿Tiene con mi amo franqueza
para tratarlo de tú?
¿Es moro de paz o guerra?
Pues éste al entrar en casa
le dio con toda su fuerza
a mi amo veinte abrazos,
se hicieron dos mil finezas.

(Esto lo hará imitando con Doña Paca lo que vio hacer a Don Juan y a Don Martín.)

Yo lo vi.

«Adiós, viejo», dijo al amo,
y el amo: «Adiós, calavera.
¡Hombre!, ¿tú has resucitado?
yo te creía en la huesa...»

Doña Paca   Quita allá, que estoy difunta.

Ambrosio   Vaya, ¿está usted satisfecha?

Doña Paca   ¿Tú lo viste?

Ambrosio   Yo lo vi.

Doña Paca   ¿Lo oíste?

Ambrosio   Con mis orejas.

Doña Paca   ¿Y es lo mismo que lo dices?

Ambrosio   Como lo dice mi lengua.

Doña Paca   Pues adiós yerno, adiós casa,
adiós coche y adiós mesa,
adiós criados con frac,
adiós modista y doncella...

Ambrosio   Que a mí me espera la cárcel
y a ustedes dos la galera.

Doña Paca   ¡Cómo! ¿Ya ultrajas, villano,
dos damas en la pobreza?
No, señor; aún no, hija mía,
tu madre aún no desalienta
ni desmaya al primer golpe;

muchos recursos me quedan.
Vamos a tratar las dos
cómo gobernamos esto...

Luisa   (Estoy muerta.)
Sí, escucho; siga usted, madre.

Doña Paca   Él al fin es el que hereda
por derecho a don Martín,
no seas tonta, ¿estás? Lo pescas,
y así por un lado u otro
hemos de coger la hacienda.
Al fin él es su sobrino,
y tarde o temprano es fuerza
que lo perdone... y los hijos
que enternecen a una piedra.
Yo entre tanto aquí me quedo
para lamentar tu pérdida.
Sostendré que el coronel
es mi marido, que intenta
por fin de su mala vida
deshonrarme, que me niega
porque le sé sus milagros;
ya sé el papel que me queda
que hacer, y mucho será
que a don Martín no convenza.

Luisa   Pero mire usted que Eugenio
es un hombre sin cabeza,
y no sabe lo que se hace,
y...

Doña Paca   ¡Qué remedio! Ello es fuerza
salir, hija, del pantano

de cualquier modo que sea.
Vamos, sosiégate, Luisa;
tú no tienes la experiencia
de tu madre, y es preciso
que hagas lo que te aconseja
por tu bien; enjuga ya
esas lágrimas, serena
un poco esa cara; Ambrosio
era preciso estuviera
ahora aquí para llamar
a Eugenio, que el tiempo vuela
y él puede tardarse mucho
en venir; ¡cómo la enreda
el diablo cuando uno menos
lo piensa! Cuando se cierra
una puerta otra se abre;
si no fuera mi experiencia...
Ten ánimo, hija. El demonio
de ese coronel, que llega
para trastornar mis planes
allá de un millón de leguas.
Cuántos se han ido y no han vuelto,
y él vuelve, maldito él sea.

Luisa

Bien, mamá; por una parte,
si salimos bien de esta
trapisonda, al cabo, aunque
me case con un tronera,
no doy la mano a un emplasto
de viejo...

Doña Paca

　　　　　Calla, que llega
alguno.

110

(Se acerca a la puerta y vuelve.)

> Es Eugenio; a tiempo
> viene; Luisa, ten firmeza;
> yo me voy; te dejo sola;
> cuidado cómo la enredas.

(Vase.)

Escena VII
Eugenio, Luisa

Eugenio

> Le mataron, estoy cierto;
> murió, como si lo viera.
> Luisita (y él no está aquí;
> quedó el tío en la refriega.),
> señora, ¿está usted llorando?
> No me da a mí menos pena;
> mas no ha sido culpa mía;
> yo bien quise... bien quisiera...
> haberlo estorbado; él
> se buscó el riesgo; me pesa
> que le hayan muerto.

Luisa

> ¡Eugenito!
> ¡Ay, cielos!

Eugenio

> ¿Y cuántos eran
> los asesinos? Yo he visto
> subir uno la escalera
> con una cara de hereje...
> Yo iba bajando de prisa,
> di con él un tropezón
> por mirarle, y con tal fuerza

	me empujó, que a poco más
	voy rodando hasta la puerta
	de la calle.

Luisa   ¡Ay! Ese es
mi tirano.

Eugenio   Sí, pues buena
facha tiene el angelito.
¿Y ha visto usted la pelea?
¿Se ha defendido mi tío?
¿Le mataron sin defensa?
¿Dónde está su cuerpo, eh?

Luisa   Mayor desgracia me espera,
¡ay!, Eugenio, si usted tiene
alma, honor, delicadeza,
socórrame usted, socorra
usted, ¡ay!, a una doncella
sin amparo, una mujer
infeliz, que a usted se entrega,
que no tiene más consuelo
que usted, y que le confiesa
a usted la triste pasión
que para aumentar su pena
ha tenido que guardar
en silencio...

Eugenio   ¿Con que es cierta
la muerte de Barandilla?
Usted teme que le ofendan,
como ha muerto sin testar,
mis parientes; ¡suerte adversa!
No veo remedio ninguno.

112

Voy a pensar... (Se lleva la mano a la frente.)
Piensa, piensa. ¿Y sobre qué he de pensar?

(Dándose un golpe
en la frente.)

Métase usted en la bodega;
yo no encuentro otro recurso;
al sótano antes que vengan;
voy por las llaves, ¡Ambrosio!

(Gritando.)

Sí, Luisita, a la bodega.

Luisa

Calle usted, por Dios, Eugenio;
lo que más nos interesa
es el silencio.

Eugenio

¿Y por qué?

Luisa

Por Dios, Eugenito, atienda
usted a lo que yo digo;
no se aturda usted, si intenta
favorecerme.

Eugenio

Es preciso
gritar para que me entiendan;
perdone usted, siga usted;
¡que siempre a mi me suceda
lo que a ninguno en el mundo
le sucedió! ¡Qué tragedia!

Luisa

Oigame usted.

Eugenio

Sí, ya oigo,
ya todo yo soy orejas.

Luisa

Ya sabe usted que su tío
me ama, que con finezas

se ha esforzado a merecer
de mí igual correspondencia,
y que mi madre también...

Eugenio   (¿También ha muerto la vieja?
Me lo pensé.)

Luisa   Sabe usted,
me quiere casar por fuerza

Eugenio   Yo creí que con mi tío,
y es con otro... otro que tenga
más... más...

Luisa   Calle usted
le contaré mis tristezas.

Eugenio   Bien dicen que nunca sale
aquello que uno se piensa.
Conque... ¿otro?

Luisa   No, Eugenio;
es con él con quien intentan
casarme, y preferiría
arrojarme de cabeza
a un pozo primero que
darle mi mano por fuerza.
Nunca, jamás, no; la llama
que en mi pecho se alienta
no es por él, Eugenio mío;
perdóname si yo ciega,
(Se pone de rodillas.) puesta a tus pies, te declaro
mi pasión, pasión eterna
digna de ti y de mí misma

114

que todo mi pecho quema.
Sácame, Eugenio, de aquí;
condúceme adonde quieras;
mírame, Eugenio; tu Luisa
por su dicha te lo ruega.
¿Me amas, di?

Eugenio   Ya me pensaba
yo que era así; la doncella
me lo dijo. Luisa mía,
levanta, y haz lo que quieras
de mí. (Será menester
ahora casarme con ella
para cumplir por mí tío
como ha muerto.) Sí, que venga
el cura, pronto, corriendo;
vamos, vamos a la iglesia.
Te quiero más...

Luisa   Qué dichosa
soy al oír sus ternezas!
Otra vez vuelve a mi alma
la esperanza; sí, ya empieza
mi pecho a estar más tranquilo,
vamos, Eugenio, ¿qué esperas?

Eugenio   (Pues, señor, viva el ingenio.
Saqué bien las consecuencias.)
Yo no espero nada; vamos,
que pongan la carretela;
los lacayos, los cocheros,
las criadas, las doncellas,
los mozos de cuadra, todos
es necesario que vengan.

Vamos, Luisa, ¿llamo?

(Va a tocar la campanilla.)

Luisa   ¡Eugenio!
Tú has perdido la cabeza;
tranquilízate; ¿te olvidas
de cómo estamos, no piensas
que será preciso que
nuestra boda sea secreta?

Eugenio   ¡Ah! Sí es verdad, por el luto
del tío; las papeletas
de su entierro es lo primero
que hay que hacer.

Luisa   ¿Qué papeletas?

Eugenio   Y también las de tu madre.

Luisa   ¿Te burlas? (¡Ay, qué cheveta!
Si éste nos ha de valer,
soy perdida.) ¿Me desprecias?

Eugenio   ¡Despreciarte, Luisa mía!
No; sino pienso en las reglas
que viviendo en sociedad
manda guardar la etiqueta;
ahora esta casa es mía,
y yo soy quien manda en ella
desde la muerte...

Luisa   ¿Qué muerte?

Eugenio	La de mi tío, ¡friolera!
Luisa	Pues si no ha muerto tu tío.
Eugenio	¿Cómo que no? ¿Pues tú misma no me has dicho que murió?
Luisa	¿Yo?
Eugenio	Y tu madre,
Luisa	¡Qué cabeza! Si no es eso, Eugenio mío. ¿Cómo juzgas que quisieran unirme a tu tío entonces? ¿Si mi madre no viviera, quién había?...
Eugenio	¿Conque vive y es solo que te chanceas por divertirte conmigo? ¿Y luego, cuál es la pena que tanto te aflige?
Luisa	Conque ¿no entendiste?
Eugenio	Ni una letra.
Luisa	Tú no me quieres, Eugenio.
Eugenio	Conque, ¿no ha habido pelea, y el tío vive?

| Luisa | Ese es |
| | el mayor mal que me aqueja. |

Eugenio	Su vida o su muerte, ¿cuál?
	Vaya, díme lo que sientes;
	explícate de una vez.

Luisa	Eugenio, lo que desea
	tu Luisa en tanta desdicha
	es que a sacarla te ofrezcas
	de aquí ahora, y más que luego
	suceda lo que suceda.
	¿Te decides?

Eugenio	¿A sacarte?
	Vaya, bien, eso no cuesta
	mucho trabajo; ya caigo,
	el tío salió, y tú intentas
	saber lo que ha sido de él.

Luisa (Irritada.)	No. ¡Jesús y qué tontera!
	Quiero casarme contigo
	y no con tu tío.

Eugenio	Dijeras
	eso mismo hace una hora,
	y al momento te entendiera.
	Vaya, vamos.

Luisa	Es preciso
	que aquí ninguno me vea
	salir contigo de casa,
	y que busques la manera
	de disfrazarme.

Eugenio   ¿Un disfraz?
                         Bien pensado; pronto, ¡ea!,
                         ponte mi frac, mi sombrero,

(Se quita el frac
y el sombrero y
se lo pone a Luisa.)   que voy a salir afuera
                         a quitarme el pantalón,
                         me voy a quedar en piernas;
                         no importa, tú eres primero;
                         es menester que te vengas
                         conmigo; yo con la capa
                         me embozaré; es cosa hecha...

Luisa   ¡Ay, Eugenio! Ven, despacha.

Eugenio   ¿Qué me despache?

Don Martín
(Desde fuera.)   Esas velas,
                         que no se las coma el gato;
                         hoy quiero yo ver la cuenta.

Luisa   ¡Ay, que viene don Martín!
                         Eugenio, escóndete, vuela.

(Eugenio, sin frac ni sombrero, huye por un lado y por otro sin saber adónde
ir, y tropieza contra una mesa. Luisa le pone el sombrero, le echa la casaca
encima y le mete dentro de la alcoba.)

Eugenio   Ya está aquí; ya me cogió;
                         tropecé, malditas mesas.

Luisa   Aquí; toma esa casaca;

escóndete aquí y espera
ahí, detrás de esas cortinas;
cuidado cómo resuellas.

Escena VIII
Eugenio, Luisa, Doña Paca
(Entra por donde Eugenio va a esconderse.)

Eugenio   Me pisó...

Doña Paca   Quítate de ahí,
                                 Luisa, pon cara risueña,
                                 que viene.

Escena IX
Luisa, Eugenio, Doña Paca, Don Martín

Don Martín   Señoras, vuelvo.

Las dos   ¡Ay!, que sea enhorabuena.

Doña Paca   ¿Salió usted bien? Y don Carlos
                         ¿ha quedado en la palestra?
                         ¿Ha quedado usted en paz?

Luisa   ¡Ay, mí don Martín, qué pena!

Eugenio
(Sacando la cabeza.)   Le ha llamado su Martín!
                         ¡Está loca!

Doña Paca   ¡Si supiera
                         usted cuánto me costó
                         contener a Luisa! Apenas

entró el moro, que venía
de parte del buena pieza
de don Carlos...

Don Martín   Doña Paca,
don Carlos en la contienda
se ha portado como hombre;
yo le paré la primera
estocada; me repuse,
y respondiéndole en tercia
le desarmé; es todo un hombre;
yo le estimo, y él me aprecia;
me debe la vida.

Doña Paca   ¿Y qué
dijo el moro?

Don Martín   Mi destreza
y mi calma me valieron.

Luisa   ¿Y el moro?

Don Martín   ¿Moro?

Doña Paca   Esa fiera
que usted, recelaba tanto,
que me tiene casi vuelta
la cabeza.

Don Martín   ¿El moro?

Doña Paca   Sí.
Ese moro que amedrenta
con solo verlo.

Don Martín	Señora,
	usted pienso que está fuera
	de su juicio; usted delira;
	dale con el moro, y vuelta
	con el moro; usted sin duda
	no sabe lo que se pesca.
	¿Qué moro ni qué ocho cuartos?
Doña Paca	El moro de la pendencia.
Luisa	El padrino de don Carlos.
Don Martín	¡Ah, el turco! Pues está buena
	la equivocación; el moro;
	¿quién diablos había, así, a tientas,
	de atinar por ese nombre?
	(Será menester a éstas
	decirles que estaba el turco.)
	Ya le dije buenas frescas;
	le hice callar.
Doña Paca	¿Con que estaba
	allí ese turco? ¿Y qué señas
	tiene, que dicen que asusta
	con su cara y la presencia
	que tiene de un tigre? ¡Ay, Dios!
	Luisa y yo estábamos muertas.
Don Martín	Pues yo con mi sangre fría
	le dije que se pusiera
	en vez de don Carlos, y ese
	de quien tantas cosas cuentan,
	cuando me vio puesto en guardia,

calló y usó de prudencia.

Doña Paca   ¿Con que el turco estaba allí?
             ¿Lo ves, Luisa, cómo era
             el turco? ¿Es alto?

Don Martín   Es un hombre
             más largo que la Cuaresma;
             la cara ancha, ojos grandes,
             unos bigotes de media
             vara, mirada de Herodes,
             cejijunto, y unas fuerzas...

Doña Paca   (Ese pícaro de Ambrosio...)

Don Martín   Como un jayán; con cualquiera
             cuando va él por la calle
             que le mira o le tropieza,
             aunque le pida perdón
             ya se sabe que la enreda;
             pero conmigo, señora,
             esos matones encuentran
             la horma de su zapato;
             ya me conocen; ¡me tiemblan!

Doña Paca   Conque ¿tuvo miedo el turco?

Luisa   (Ya respiro.) Martín mío,
             por Dios, que no vuelva usted
             a enredar otro conflicto;
             tenga usted piedad de mí
             si me tiene algún cariño.

Doña Paca   De una viuda y de una huérfana;

sí, por Dios, don Martinito.
(No me paga Ambrosio el susto
aunque se volviera mico.)
¿Conque don Carlos y usted
han quedado tan amigos?

Don Martín   Eso es claro; mas que nunca
                    después de este desafío;
                    me debe la vida; pero,
                    señoras mías, es preciso
                    que esto quede entre nosotros
                    y que ni el más leve indicio
                    haya del lance; los hombres
                    se baten sin meter ruido;
                    el que va al campo es valiente,
                    y el vencedor y el vencido
                    quedan iguales; así,
                    lo que aquí a ustedes he dicho
                    sobre el combate es forzoso
                    no volver a repetirlo;
                    pudiera ofenderse Carlos,
                    no que a mí me importe un pito;
                    pero no es del vencedor
                    noble insultar al vencido.
                    ¿Están ustedes? Conque,
                    silencio, yo lo suplico.

Doña Paca   Por mí nada se sabrá.

Luisa   Pues yo nunca a nadie digo
                    esta boca es mía.

Doña Paca   Y yo
                    sé muy bien guardar sigilo.

(Voy a hablarle de Renzuelo.)
Bien lo decía mi marido,
que, a pesar de todo, nunca
guardó secreto conmigo.

Don Martín   ¿Qué diría usted, doña Paca,
si estuviese don Juan vivo?

Doña Paca   ¡Ay, Jesús!... ¡Qué más quisiera
yo que saberlo de fijo!
Pero no se burle usted;
no vive, no; ¡pobrecito!
Está ya comiendo tierra,
y usted, don Martín, ha visto
mi fe de viuda; ¡infeliz!,
le perdió su genio vivo;
quien busca el peligro, ¡ay!,
muere al cabo en el peligro;
dicen verdad.

Luisa   (¡Ay! ¡Él es!
¡Ay, mamá!)

Don Martín   (Será preciso
ir despacito, no sea
que las mate el regocijo.)
¿Y si yo dijera a ustedes
que hace poco que le ha visto
uno que ha vuelto de América,
que es amigo suyo y mío,
y que le ha dejado allí
bueno y sano, y con designio
de volverse por acá;
por fin que se halla aquí mismo,

que yo le he visto y le he hablado?

Doña Paca
¡Don Martín! ¡Juan está vivo!
(No hay duda, Luisa, aquí está.)
¿De veras?

Luisa
¿De positivo?

Doña Paca
¡Bendito Dios! Conque, ¿fue
mentira lo que se dijo?
Ya tienes padre, hija mía.
¿Pero cómo? ¡Qué delirio!
¡Ay, don Martín, de mi alma!
No puede ser: ¿mi Juan vivo?
¿Pues no murió en el Callao?
¿No lo dijo así aquel chico
alférez que al lado suyo
le vio caer? ¿No han venido
cartas que nos lo afirmaban?
¿Y, en fin, hasta el cura mismo
que me dio la fe de viuda?
¿Y ahora está Renzuelo vivo?
(Vete, Luisa; busca a Eugenio.)

Don Martín
Pues ahora yo le afirmo
a usted que vive don Juan.
(Ya es necesario decirlo
todo.)

Doña Paca (A Luisa.)
(Salte y que te lleve
adonde pueda ahora mismo.)

Luisa
¡Ay! Mamá, ¿será verdad?

Don Martín	Y está aquí en Madrid, y ha sido el que en esta jaranilla me ha servido de padrino,
Doña Paca	¿Y fue aquel que usted creyó que era el turco?
Don Martín	Pues el mismo.
Doña Paca (A Luisa.) (Luisa se echa a llorar.)	(Vete, Luisa.) ¡Cómo llora, la pobre de regocijo! (Me lleva el demonio, vete.)
Don Martín (Tomándole las manos a Luisa.) (A Doña Paca.)	Y ahora ya con su permiso me casaré con mi Luisa. Vamos, ya papá está vivo. No llore usted; ese llanto yo lo enjugaré, ángel mío; y no pasa de mañana, mañana, sí, verifico mi casamiento. Esta noche verá usted a su marido.
Doña Paca (Con sobresalto.)	¿Y si él me desprecia y no quiere hacer la paz conmigo?
Don Martín	Eso queda de mi cuenta; yo ya sé cómo avenirlo

a todo.

Doña Paca

No vuelvo en mí...
¿Quién dijera?

Don Martín
(A Luisa.)

Vaya, un mimo
de usted pondrá todo en orden;
pero ¿por qué esos suspiros?

Luisa

¡Ay! Calle usted, que no puedo
hablar; ¡siento un sudor frío!...

Don Martín

La sorpresa.

Doña Paca

¿Y dónde está?

Don Martín

Yo voy a verle ahora mismo.
Está aquí en este café
del lado.

Doña Paca

¡Oh, Dios! He sentido
la campanilla; él será.

Don Martín
(Asomándose
a la puerta.)

Él es.

Luisa
(Corre
precipitadamente
a la alcoba.)

¡Él es!

Doña Paca

¡Qué martirio!

Eugenio
(Abre la puerta
y mira.)   ¡Qué bulla! ¿Qué es? ¡Aquí vienen!
                           Cierro, que me mira el tío.

(Cierra.)

Don Martín   Huyan ustedes; escóndanse
                         ahí en la alcoba.

Luisa y
Doña Paca
(Empujando
la puerta.)   ¡Eugenito!

(Doña Paca y Luisa gritan y huyen por la puerta del fondo.)

Don Martín
(Volviendo.)   Que viene.

Escena X
Don Martín, el Coronel

Don Martín   Le cuento todo,
                           y así me caso tranquilo.

(Entra el Coronel.)

Coronel   Hombre, te marchaste tú;
                         don Carlos fue por la capa;
                         me dejasteis hecho un zote
                         y así, me he vuelto a tu casa.
                         Noto que estás pensativo;

¿qué haces ahí hecho una estatua?

Don Martín   Tú, Juan, eres hombre honrado;
debes perdonar las faltas
a quien las tuyas perdona;
por ley divina y humana
estás obligado a eso.

Coronel   ¿De cuándo acá, Martín, hablas
como padre de misión?
Explícate, pues. ¿Qué faltas
son esas? A nadie debo;
ninguno me debe nada;
ni ofendido ni ofensor,
espero tomar venganza;
sin parientes en el mundo,
ni me ríen, ni me ladran.
Con que un hombre como yo,
solo...

Don Martín   Mide tus palabras,
que tal vez te está escuchando
quien pudiera contrariarlas.

Coronel   ¿A que eres tú, Barandilla?
Pues mira, están perdonadas,
y ahorrémonos el trabajo
de decirlas y escucharlas.

Don Martín   Tú nunca me has ofendido
más que en algunas palabras,
como...

Coronel   ¿Y a quién con las obras?

Don Martín	A gentes más allegadas;
	examina bien, Renzuelo,
	toda tu vida pasada,
	y mide con juicio recto
	las relaciones que te atan
	a la sociedad; entonces
	socorre con mano franca
	los seres a quien privaste
	del fruto que les tocaba.
	Piensa, Juan, piensa en los tiempos
	de tus mil calaveradas,
	que la mancha de tu vida
	ahora puedes borrarla,
	y probarás las dulzuras
	que te tengo reservadas.
	Mira, Juan, que no es a mí
	a quien debes y no pagas.
Coronel	¿Pues a quién demonios debo?
	¡Qué seres ni calabazas!
	¿Ni qué examen de conciencia
	para encontrar una mancha?
	¿Qué relaciones son esas,
	ni qué mil calaveradas?
	Revienta.
Don Martín	Tú ya me entiendes;
	pero eres terco, y te aguantas.
Coronel	Perdemos las amistades
	si no te explicas.
Don Martín	Pensaba,

mi querido Juan Renzuelo,
merecerte más confianza.
Antes que te las presente
prométeme perdonarlas.

Coronel

Martín, ¿qué misterio es éste?
Repito están perdonadas.

Don Martín

Yo pensaba sorprenderte
con mi nueva desposada,
para que el gozo del día
te hiciese olvidar la causa
que te obligó, con razón
o sin ella, a abandonarlas;
pero viendo es imposible
que en silencio se efectuara
este plan...

Coronel

O tú hablas griego
o estoy, Barandilla, en Babia.
Hombre, ¿por qué me enjaretas
esa relación tan larga,
sin pies ni cabeza, pero
que a mi ver nunca la acabas?

Don Martín

Juan, extraño la frescura
con que mientes en mis barbas.

Coronel

Martín, ¡vive Dios!, te mato
o me dices de quién hablas.

Don Martín

¿Las perdonas?

Coronel

Voto a sanes;

	digo que están perdonadas.
Don Martín	¿Me das una?
Coronel	Y también dos.
Don Martín	¿Perdonas a doña Paca?
Coronel	Pues haz cuenta, Barandilla, que hasta ahora no has dicho nada.
Don Martín	¿Cómo que no? Tu mujer y tu hija desdichada, las dos, a no ser por mí, ya estuvieran enterradas. Pero si las niegas, Juan, si tienes tales entrañas que niegas a una hija tuya...
Coronel	Cuidado que estás machaca ¡Qué hija ni qué demonio!
Don Martín	Hasta a las fieras ablanda el llanto de sus cachorros; ¿será tan dura tu alma que al llanto de la inocencia se cierre, y en la desgracia mires tu esposa y tu hija sin querer, no ya auxiliarlas, siquiera reconocerlas?
Coronel	¿Tienes mi familia en casa? (Está loco, y su manía será preciso aguantarla.)

Don Martín	¡Hola! Conque, ¿ya confiesas? Aquí están.
Coronel	¡Quiero abrazarlas!
Don Martín (Va hacia la alcoba y abre.)	Yo lo más que puedo hacer es ayudarte a buscarlas. ¡Canario! ¿Dónde se han ido?
Coronel	Martín, ya basta de chanza, que yo no tengo mujer.
Don Martín	¿Ya vuelves a las andadas? ¡Renzuelo! (Voy al retrete que allí están, y me olvidaba.)

(Vuelve a la alcoba y supone que detiene a Doña Paca, que iba a escapar.)

Coronel	Vaya, no hay duda, está loco.
Don Martín (Dentro.)	¿Dónde va usted, doña Paca? Ya el hombre está arrepentido: vamos a abrazarle.
Coronel	¡Calla!
Don Martín (Se arrodillan	No se me resista usted, doña Paca; vamos, vaya. ¿Lo ve usted, buena señora? Más blando está que una malva. Yo y mi madre te pedimos,

134

delante del Coronel.)	rendidos aquí a tus plantas, que la perdones, y que me des tu bendición santa para casarme con Luisa.
Coronel	¡Mi bendición! Pues tomadla, caballero, yo os la otorgo.
Don Martín (Tirándole de la mano a la vieja.)	Hínquese usted, doña Paca.
Coronel	¿Y esta señora es mi esposa?
Don Martín (Levantándose.)	¿Tendrás valor de negarla como tal en su presencia?
Coronel	¿Y es con ésta con quien casas?
Don Martín	No te burles, Juan.
Coronel	¿Y usted para engañar a este maula se ha servido de mi nombre?
Don Martín	Háblele usted, doña Paca; confúndale usted; ¿qué hace usted, sin hablar palabra?

(En este momento entra Eugenio, haciendo abrir de golpe la puerta que va a la escalera y corriendo precipitadamente.)

Escena XI

Don Martín, el Coronel, Doña Paca, Eugenio

Eugenio (Va a huir por otro lado y tropieza con Don Martín.)	Aquí está; caí en el lazo; me persigue la desgracia.
Don Martín (Deteniéndole por el brazo.)	¿Dónde vas, demonio, di, o te echo por la ventana?
Doña Paca	(Los cogieron. ¡Ay mi Luisa!)
Coronel (Atónito.)	Este ha salido por magia.
Eugenio	Suelte usted, suelte usted, tío; ¡ay!, ¡ay!, que he perdido el habla.
Don Martín	Maldito, dime, ¿en qué enredos, en qué peloteras andas?
Eugenio	Yo no, por culpa de Luisa...
Don Martín	¡Qué Luisa ni qué azofaifas!
Eugenio	Sí, señor, por Luisa ha sido.
Doña Paca	(¡Ay, hija mía de mi alma! Este loco va a acabar de perdernos.)

Coronel	¿En qué danzas andas metido, Martín?
Don Martín	El demonio que las arma con este maldito aquí. Di,
(A Eugenio.)	Lucifer, ¿de quién hablas? ¿De qué Luisa?
Eugenio	De la hija de... Yo, que me la llevaba porque ella me dijo...
Don Martín	¡Infame! Yo te he de romper el alma.
Coronel	Pero déjale que hable.

(Entra Don Carlos con Luisa, toda demudada y contra su voluntad.)

Escena XII

Don Martín, el Coronel, Doña Paca, Eugenio, Don Carlos, Luisa

Don Carlos	Esta señorita estaba en el portal con Eugenio; que trataba de llevarla a dar un paseo nocturno; y Eugenio, como se espanta de cualquier cosa...
Don Martín	¡Tunante!
Eugenio	Señores... yo...

Coronel   Martín, basta;
                            deja al señor proseguir.
                            (¡Madre e hija, par de maulas
                            más completo!)

Don Carlos   Pues prosigo.
                            Dejó Eugenito a su dama,
                            se aturdió y echó a correr;
                            yo, viendo a Luisa asustada,
                            la he hecho volver, aunque creo
                            que esta vuelta no la agrada.

Don Martín
(Volviéndose
a Doña Paca.)   ¿Y qué quiere decir esto,
                            doña Paca o doña diabla?

Doña Paca
(Con enfado.)   Yo no sé.

Eugenio
(Muy desesperado
y meneando
la cabeza.)   ¡Por vida de...!

Don Martín   Explíquese usted. ¡Caramba!

Doña Paca   Ambrosio tiene la culpa,
                            y para hacer cuentas claras,
                            quiere decir que yo soy
                            una mujer desgraciada.

Don Martín   ¿Pero es éste su marido?...

138

Coronel	¿Qué marido? Martín, calla; estas señoras querían ver el fondo de tus arcas, y se han engañado bien.
Don Carlos	Sucedió lo que pensaba.
Eugenio	¡Por vida de...!
Luisa	¡Madre mía!
Doña Paca	Ya no hay más que pecho al agua.
Don Martín	Si no pierdo la cabeza... Ese Ambrosio, ese canalla, ¿dónde está, que es el autor sin duda de estas patrañas? ¡Ambrosio, Ambrosio! ¿No oyes?
Coronel	Déjate un momento, aguarda, que voy a buscarle yo.

(Vase.)

Don Martín	¡Jesús, Jesús, qué jarana! ¿Pero a dónde iba usted, Luisa?
Luisa	Perdone usted...

(Yéndose a poner de rodillas.)

Doña Paca (Deteniéndola.)	Hija, calla; vamos de aquí, ven conmigo.

(Con ironía
y descoco.)   Señor don Martín, mil gracias.

Escena XIII
Don Martín, el Coronel (trae cogido de una oreja a Ambrosio), Doña Paca,
Eugenio, Don Carlos, Luisa, Ambrosio

Coronel   ¡Galopín!

Don Martín   Pícaro, díme...

Don Carlos   Veamos esta maraña
                     hasta dónde va a parar.

Don Martín   ¿Di?...

Coronel   Desembrolla esta trama:
                     di, ¿quién son estas mujeres?

Ambrosio   (Me perdió mi confianza;
                     cuando ya me iba a escapar
                     me echaron el guante.)

Don Martín   Habla.

Coronel   Y si no, te doy tormento.

Ambrosio   Son madre e hija; dos damas...

Don Martín   Sigue, pillo; di quién son,
                     o te hago echar a las armas.

Ambrosio   Son hija y mujer de un hombre
                     que sirvió a un Grande de España,

	y se llamaba Renzuelo
	como este señor se llama.
Don Martín	¡Qué horror! ¡Qué vergüenza, eh?
	Fuera al punto de mi casa.
	¿Qué dirán de mí en Madrid?
	Mañana me escapo a Francia.
Luisa	¡Ay! ¡Perdón!
Doña Paca	Fuera, sí, vamos;
	repito que muchas gracias.

(Hace ademán de irse, y Don Martín la agarra fuertemente de un brazo para detenerla.)

Don Martín	Aquí, bruja, vieja infame,
	que te vas con las alhajas.
Coronel	Déjalas ir.
Don Martín	Me costaron...
Coronel	Déjalas ya que se vayan.

(Vanse.)

Ambrosio	Yo, señor, pido perdón
	a vuecencia de mis faltas.
Eugenio	¡Por vida de!... Me atraparon.
	¡He perdido una muchacha!
Don Carlos	¿Lo ves, Martín, cómo tuvo

141

el fin que yo te anunciaba?

Coronel   Barandilla, ten presente
esta lección, aunque amarga.
«Viejo que casa con niña
o lleva víctima, o maula.»

Fin

Libros a la carta

A la carta es un servicio especializado para
empresas,
librerías,
bibliotecas,
editoriales
y centros de enseñanza;
y permite confeccionar libros que, por su formato y concepción, sirven a los propósitos más específicos de estas instituciones.

Las empresas nos encargan ediciones personalizadas para marketing editorial o para regalos institucionales. Y los interesados solicitan, a título personal, ediciones antiguas, o no disponibles en el mercado; y las acompañan con notas y comentarios críticos.

Las ediciones tienen como apoyo un libro de estilo con todo tipo de referencias sobre los criterios de tratamiento tipográfico aplicados a nuestros libros que puede ser consultado en Linkgua-ediciones.com.

Linkgua edita por encargo diferentes versiones de una misma obra con distintos tratamientos ortotipográficos (actualizaciones de carácter divulgativo de un clásico, o versiones estrictamente fieles a la edición original de referencia). Este servicio de ediciones a la carta le permitirá, si usted se dedica a la enseñanza, tener una forma de hacer pública su interpretación de un texto y, sobre una versión digitalizada «base», usted podrá introducir interpretaciones del texto fuente. Es un tópico que los profesores denuncien en clase los desmanes de una edición, o vayan comentando errores de interpretación de un texto y esta es una solución útil a esa necesidad del mundo académico.

Asimismo publicamos de manera sistemática, en un mismo catálogo, tesis doctorales y actas de congresos académicos, que son distribuidas a través de nuestra Web.

El servicio de «libros a la carta» funciona de dos formas.

1. Tenemos un fondo de libros digitalizados que usted puede personalizar en tiradas de al menos cinco ejemplares. Estas personalizaciones pueden ser de todo tipo: añadir notas de clase para uso de un grupo de estudiantes, introducir logos corporativos para uso con fines de marketing empresarial, etc. etc.

2. Buscamos libros descatalogados de otras editoriales y los reeditamos en tiradas cortas a petición de un cliente.

www.ingramcontent.com/pod-product-compliance
Lightning Source LLC
Chambersburg PA
CBHW051729040426

42447CB00008B/1041